REISETIPP AM MEER

Reisetipp 1 am Meer

Reisetipp 2 am Meer

Bereiten Sie Ihre Reise vor und genießen Sie Ihren Urlaub, ohne etwas von der Region zu verpassen. Mit diesem Reiseführer können Sie das Beste aus Andalusien entdecken. Tauchen Sie ein in das reiche Erbe Sevillas, Granadas oder Córdobas und lassen Sie sich von Málaga, diesem einzigartigen Ort am Meer, verzaubern. Weiße Dörfer, Naturparks und Strände ergänzen die städtischen Sehenswürdigkeiten. Kosten Sie die berühmten Tapas, genießen Sie den Flamenco und nutzen Sie die Adressen, um eine gute Zeit zu verbringen. Wenn Sie von Andalusien träumen, fahren Sie einfach hin!

100 % ANDALUSIEN

Die Lieblingsadressen der Andalusier finden Sie, wenn Sie dieses Piktogramm entdecken. **Rozenn Le Roux** ist freiberufliche Journalistin, die vor vier Jahren nach Málaga gezogen ist. Für verschiedene Reiseführer ist sie auf der Suche nach guten Locations durch ganz Andalusien gereist. Hier teilt sie ihre Favoriten mit Ihnen.

ANDALUSIEN IN KÜRZE

Spanien
Hauptstadt von Andalusien: Sevilla

ca. 3 Std.
von Sevilla oder Malaga nach Frankfurt

Gültiger Personalausweis oder Reisepass

Keine Zeit-verschiebung

Spanisch (Kastilisch)

Superficie

87 000 km²
Andalusien ist ungefähr so groß wie Österreich.

Euro (€) außer in Gibraltar (Gibraltar-Pfund)

RTUGAL
SPANIEN
Córdoba
Úbeda
Sevilla
ANDALUSIEN
Granada
Ronda
Málaga
Almería
Cádiz
COSTA
DE LA LUZ
Marbella
COSTA DEL SOL
COSTA
TROPICAL
ANTISCHER
OZEAN
Gibraltar
MITTELMEER
MAROKKO
0
50
100 km

ANREISE

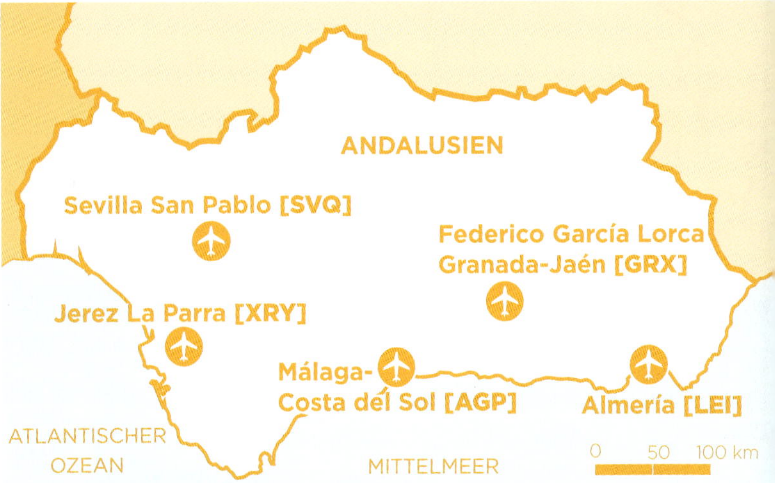

PREIS FÜR EIN RÜCKFLUGTICKET

Frankfurt – Malaga und Frankfurt – Sevilla

160 €	**Durchschnittlicher Preis**
110 €	**Guter Preis**
55 €	**Super Preis!**
145 €	**Durchschnittlicher Preis**
95 €	**Guter Preis**
55 €	**Super Preis!**

Málaga ist im Sommer etwas teurer als Sevilla, und Sevilla ist im April/ Mai und Dezember stärker besucht.

GUT ZU WISSEN

Fünf internationale Flughäfen (Malaga, Sevilla, Almerie, Granada und Jerez de la Frontera) werden von Deutschland aus angeflogen.

Flugzeit: rund 3 Std. Frankfurt – Malaga oder Frankfurt – Sevilla.

Die Preise sind im Jahresdurchschnitt angegeben. Im August sind sie am höchsten, im Januar am niedrigsten.

KLIMA

BESTE REISEZEIT

Frühling (April–Juni): Sonne und milde Temperaturen – perfekt, um die *feria de abríl* und die Karwoche in Sevilla zu genießen. Wandern in den Sierras, Besichtigung von Sehenswürdigkeiten, Faulenzen an den Stränden ... alles ganz ohne die Menschenmassen des Sommers, aber mit dem Duft der Orangenblüte!

KLIMA

Milde bis kühle Temperaturen im Winter und sehr heiße Temperaturen im Sommer mit bis zu 40 °C im Schatten.

TEMPERATUREN

(Min./Max.)
Frühling: 20/29 °C
Sommer: 29/37 °C
Herbst: 15/21 °C
Winter: 10/16 °C

WASSER-TEMPERATUREN

Frühling: 19 °C
Sommer: 24 °C
Herbst: 19 °C
Winter: 16 °C

ÜBERNACHTEN

HOSTALES ODER *PENSIONES*

• Kleine Pensionen, ***hostales*** und ***pensiones*** bieten Zimmer, die günstiger sind als in klassischen Hotels. Sie sind eine gute Alternative in kleineren Städten.
• Viele Angebote gibt es auch auf privaten Buchungsplattformen.

PARADORES NACIONALES

• Die besonderen ***paradores nacionales***, sind Luxushotels, die in historischen Gebäuden (ehemaligen Klöstern etc.) untergebracht sind. Ein einzigartiger und prächtiger Rahmen für eine Übernachtung, allerdings hat das seinen Preis! www.parador.es/de
• Es empfiehlt sich, rechtzeitig im Voraus zu buchen, wenn man in der Hochsaison und während der *ferias* anreist.

EIN PAAR TAGE AM MEER

Einen schönen Strandurlaub bieten die Reisetipps Costa del Sol – Marbella und Umgebung (S. 152) und Costa Tropical – Almería und Umgebung (S. 166) für alle, die nach einem Streifzug durch das Landesinnere oder bei einem reinen Aufenthalt am Wasser Erholung suchen. Hier kann man das Mittelmeer genießen. Es gibt zahlreiche **Resorts**, **Ferienhäuser** oder ***casas rurales***.

UNTERWEGS

MIETWAGEN

• Ein Auto ist hilfreich, um Dörfer zu erreichen oder die *sierras* (Berge) zu erkunden, und unerlässlich in Gegenden, die keine gute Anbindung an das öffentliche Verkehrsnetz haben.
• Die meisten Vermieter verlangen eine Kreditkarte, keine Debitkarte (erkundigen Sie sich bei Ihrer Bank, welche Art von Karte Sie haben).
• Bei den Agenturen variiert das Mindestalter zwischen 21 bis 25 Jahre. Man muss einen Identitätsnachweis und einen seit mehr als einem Jahr gültigen Führerschein vorlegen.
• Bezahlen Sie bei einem Bußgeldbescheid das Bußgeld auf der Website www.multas.dgt.es. Bei schweren Verstößen muss das Bußgeld sofort bezahlt werden, da sonst Papiere oder Fahrzeug beschlagnahmt werden.

Besonderheiten
Die Spanier überholen oft auch rechts!

Beifahrer
müssen mindestens 12 Jahre alt und 1,35 m groß sein.

MAUT

• Das Straßennetz ist ausgezeichnet.
• AP4 (Cádiz-Sevilla) und AP7 (Costa del Sol) sind die einzigen mautpflichtigen Autobahnen.

GESCHWINIDGKEITS-BEGRENZUNGEN

Innerorts
50 km/h

Auf Landstraßen
90 km/h

Auf Schnellstraßen
100 km/h

Auf Autobahnen
120 km/h

PARKEN

- Gut ausgeschildert
- Teuer in größeren Städten, zwischen 10–15 € bis zu 28 € am Tag
- Zahlung mit Kreditkarte oder Bargeld

TANKEN

- Die Benzinpreise sind in Spanien etwas günstiger als in Deutschland.
- Diesel (*gasoleo A*), bleifrei (*gasolina sin plomo*).
- Zahlreiche Tankstellen sind rund um die Uhr geöffnet. An kleineren Tankstellen bedienen Tankwarte, auch nachts.

PROMILLEGRENZE

In Spanien gilt eine Promillegrenze von 0,5.

BUS UND BAHN

- Gutes Busnetz im ganzen Land: www.alsa.es (größtes Unternehmen). Sie fahren alle großen Städte im Landesinneren und an der Küste an.
- Züge sind teurer als Busse, fahren aber häufiger. Andalusien durchzieht ein riesiges Netz: www.renfe.com

GELD

BARGELDLOS ZAHLEN

• Kartenzahlungen sind kostenlos, für Abhebungen gelten die gleichen Gebühren wie in Deutschland (bei den meisten Bankkarten gebührenfrei).
• Erkundigen Sie sich bei Ihrer Bank nach den Höchstgrenzen für Zahlungen und Abhebungen im Ausland.
• Von einigen spanischen Banken werden bei Abhebungen am Schalter Bankgebühren erhoben.
• Achtung: Einige Restaurants und Geschäfte, auch in Großstädten, akzeptieren nur Barzahlung.

AUSGABEN

Etwas niedriger als in Deutschland.
• **Hotel mit 2–3 Sternen** für eine Nacht in Sevilla: 65–85 €; *parador nacional*: ca. 100 € (Die Unterkünfte sind teurer im Sommer, während der Karwoche und der *feria*).
• In Sevilla ca. 10 € für ein **Mittagsmenü**, 15–20 € für ein **Abendmenü** (ohne Getränke); Bier: 2 €.
• **Besichtigungen:** im Durchschnitt 4 €; wichtige Sehenswürdigkeiten 10 €

IM RESTAURANT

Überprüfen Sie die Rechnung an der Bar oder im Restaurant. Die Kellner, vor allem in Tapas-Bars, nehmen die Bestellung oft im Kopf auf, weshalb sich in der Rechnung Fehler einschleichen können.

TRINKGELD

freiwillig

ERMÄSSIGUNGEN

- Ermäßigungen (*reducción*) für über 65-Jährige, Studenten und unter 26-Jährige. (Im Alcázar in Sevilla zahlen Rentner und Studenten zwischen 17 und 25 Jahren deutlich weniger.)
- Legen Sie bei jedem Besuch einen Ausweis vor, um sich Ermäßigungen nicht entgehen zu lassen.
- Denken Sie daran, die Eintrittskarten im Internet zu buchen, die oft günstiger sind als vor Ort.

FREIER EINTRITT

- Viele Denkmäler gewähren freien Eintritt (*entrada gratuita*).
- Prüfen Sie vorab: besondere Öffnungszeiten, Kontingente, first come, first served, Reservierung vorab per E-Mail oder Tel.
- In **Sevilla** ist z. B. der Eintritt in die Kathedrale, den Real Alcázar und die Casa de Pilatos (für EU-Bürger) am Montagnachmittag kostenlos. In **Córdoba** ist der Eintritt in die Moschee-Kathedrale montags bis samstags von 8.30 bis 9.30 Uhr frei.

CITY CARD

Mit dem **Málaga Pass** (www.malagapass.com), der **Granada Card** (www.granadatur.com/granada-card), dem **Sevilla City Pass** (andalusia.ticketbar.eu/de/sevilla/sevilla-city-pass-/) und dem Pass **Visita UBEDA + BAEZA** (www.populo.es/producto/visitas-individuales-ubeda-baeza/) freier Eintritt und Ermäßigungen für Museen, Denkmäler und Aktivitäten, manchmal auch für die öffentlichen Verkehrsmittel.

IM ALLTAG

EIN WENIG SPANISCH

Hallo: hola
Auf Wiedersehen/Tschüs: adiós
Bitte: por favor
Danke: gracias
Entschuldigung: perdón

Geschlossen: cerrado
Ja/Nein: sí/no
Sprichst du Deutsch?: ¿ hablas alemán ?
Die Rechnung: la cuenta

ÖFFNUNGSZEITEN

- **Geschäfte**: Öffnungszeiten variieren stark (Pause zwischen 14 und 17 Uhr).
- **Restaurants**: ab 13 Uhr, dann ab 20–21 Uhr. Spanier essen gern spät.
- **Bars**: füllen sich spät
- **Banken**: nachmittags geschlossen

STROM

Die Steckdosen sind die gleichen wie in Deutschland.

FESTE UND FEIERTAGE

1. Januar	**Neujahr**
6. Januar	**Dreikönigstag**
28. Februar	**Andalusientag/Día de Andalucía**
März/April	**Gründonnerstag und Karfreitag (Datum wechselt)**
1. Mai	**Tag der Arbeit**
15. August	**Mariä Himmelfahrt**
12. Oktober	**Nationalfeiertag/Día de la Hispanidad**
1. November	**Allerheiligen**
6. Dezember	**Tag der spanischen Verfassung**
8. Dezember	**Unbefleckte Empfängnis**
25. Dezember	**Weihnachten**

(Alle Tage in der Tabelle sind Feiertage.)
Achtung: Fällt ein Feiertag auf einen Sonntag, wird er auf Montag verschoben.

Behörden und Geschäfte sind an Feiertagen geschlossen.
Jede Stadt hat ihren eigenen Feiertag – eine besonders gute Gelegenheit, die andalusischen Traditionen und Feierlichkeiten kennenzulernen.

SEMANA SANTA

Die Woche vor Ostern – In Andalusien ist die Karwoche *(semana santa)* das wichtigste religiöse Ereignis mit Prozessionen, Umzügen mit Skulpturen der Jungfrau Maria und Christus und Weihrauchduft in den Straßen.

FERIAS

Die *ferias* werden mit Spannung erwartet und lassen Málaga, Jerez und Córdoba pulsieren. Im April findet die berühmteste in Sevilla statt. Traditionelle Kleidung, Musik und Stierkämpfe beleben die bunt geschmückten Straßen der Städte.

ROMERÍAS

Die Andalusier lieben diese **Pilgerfahrten** zu Ehren der Jungfrau Maria oder eines anderen Heiligen. Die *romería* im Dorf El Rocío zieht mit dem Umzug der Bruderschaften und der Jungfrau über eine Million Menschen an.

TELEFON UND INTERNET

- In Spanien haben Telefonnummern neun Ziffern; Festnetznummern beginnen mit 9 und Handynummern mit 6, 7 oder 8.
- Von Deutschland und Spanien nach Gibraltar: Verwenden Sie die Ortsvorwahl 350 und die 8 Ziffern der Gegenstelle.

00 34 954 45 78 34

00	34	954	45 78 34
Von Deutschland ins Ausland	Internationale Vorwahl für Spanien	dreistellige regionale Vorwahl	Rufnumme

00 49 1 43 92 19 76

00	49	1 43 92 19 76
Von Spanien ins Ausland	Internationale Vorwahl für Deutschland	Rufnummer ohne die 0

954 45 78 34

954	45 78 34
dreistellige regionale Vorwahl	Rufnummer

GEBÜHREN

Auch wenn Roaminggebühren im EU-Ausland nicht mehr erhoben werden, kann das Herunterladen von Daten schnell ins Geld gehen. Bevor Sie Ihr Limit überschreiten, erhalten Sie in der Regel eine Warnung Ihres Anbieters. Wer im Urlaub viel online unterwegs sein möchte, kann Datenpakete extra erwerben.

GESUNDHEIT UND SICHERHEIT

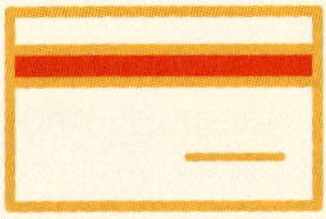

GESUNDHEIT

Vor dem Urlaub sollten Sie sich eine **Europäische Krankenversicherungskarte** (EHIC) besorgen, damit die Kosten für die medizinische Versorgung vor Ort übernommen werden. Bei einer Behandlung im Krankenhaus muss man sich auf sehr lange Wartezeiten einrichten.

061 *(medicos)* oder **112** (Notfälle in Europa)

NOTFALL

VORSICHT

- Lassen Sie nichts offen im Auto liegen. Bewachte Parkplätze sind eine gute Option, und Sie können Ihren Ausflug entspannt genießen. Neben offiziellen gebührenpflichtigen Parkplätzen gibt es auch *aparcacoches*, inoffizielle Parkplatzeinweiser, die sich 1 oder 2 € verdienen wollen.
- Achten Sie auf Taschendiebe an Sehenswürdigkeiten.
- Seien Sie bei Hitze vorsichtig, vor allem im Landesinneren, wie der Wüste von Tabernas. Trinken Sie viel, tragen Sie einen Hut, schützen Sie Ihre Schultern und tragen Sie Sonnencreme auf, um einen Sonnenbrand zu vermeiden.

TRAUMSTRÄNDE

Playa de Bolonia
Entlang der römischen Stätte von Baelo Claudia.

Playa de Cabopino
Palmen und weiße Sanddünen.

Playa del Peñón del Cuervo
Ruhiger, goldener Strand.

Playa de Rijana
Türkisfarbenes Wasser und schwarzer Sand.

Playa de Aguadulce
2,6 km Glück! Kristallklares und ruhiges Meer.

Playa de Mónsul
Vulkanisch und wild, in einem Naturpark.

RTUGAL
SPANIEN
Córdoba
Úbeda
Sevilla
ANDALUSIEN
Granada
Playa del Peñón del Cuervo
Almería
Ronda
Málaga
S. 158
S. 174
S. 174
S. 172
San José
Cádiz
COSTA DE LA LUZ
Marbella
S. 156
COSTA TROPICAL
Playa de Mónsul
Playa de Cabopino
S. 74
COSTA DEL SOL
Playa de Aguadulce
Aguadulce
Playa de Bolonia
Bolonia
Gibraltar
Playa de Rijana
Calahonda
ANTISCHER OZEAN
MITTELMEER
MAROKKO
0 50 100 km

SPEKTAKULÄRE AUSBLICKE

Balcón de Europa
Belvedere mit Blick auf das Mittelmeer und Afrika.

Metropol Parasol
Von hier blickt man auf ganz Sevilla.

Mirador de San Nicolás
Die Alhambra bei Sonnenuntergang.

Europa Point
Herrlicher Blick auf das Mittelmeer.

Arcos de la Frontera
Im Hintergrund die Sierra.

Alcazaba de Málaga
Einzigartige Sicht auf das Meer und den Hafen.

RTUGAL
SPANIEN
Córdoba
Úbeda
S. 88
letropol Parasol
Sevilla
ANDALUSIEN
S. 144
Mirador de San Nicolás
Granada
Arcos de la Frontera
S. 62
Alcazaba
S. 46
Málaga
S. 174
Balcon
de l'Europe
Nerja
Almería
Ronda
Cadix
Marbella
S. 164
Europa Point
Gibraltar
LANTISCHER
OZEAN
MITTELMEER
MAROKKO
0
50
100 km

TAPAS-BARS (*TASCAS*)

GEBRAUCHSANLEITUNG

• Nach dem ***paseo*** (Spaziergang vor dem Abendessen) muss man ***tapear*** –die Tapas-Bars besuchen.

• **Bestellung**: Die Tapas gibt es an der Theke, wo Sie bei einer Bedienung bestellen.

• **Bezahlung**: am Tresen. In echten Tapas-Bars wird die Rechnung mit Kreide auf den Tresen geschrieben. Tapas können zu einam alkoholischen Getränk gehören oder extra bestellt werden.

• Man isst im Stehen, oft gibt es unter der Theke Haken, um seine Sachen aufzuhängen.

• In Andalusien sind viele Tapas-Bars mit ***azulejos*** dekoriert.

WAS WIRD GEGESSEN ?

Tapas sind kleine Häppchen, Miniaturversionen eines Gerichts: mariniertes Gemüse, Schinken, Gazpacho, marinierte Sardellen, Kroketten, Tortilla, Chorizo ...

Die Tapa kann auch als größere Portion, als *ración*, zubereitet werden.

ÖFFNUNGS-ZEITEN

Die Tapas-Bars öffnen erst spät: **Gegen 21 Uhr** ist der Andrang groß. Wenn Sie es eilig haben, bestellen Sie die Spezialitäten der Bar.

Die Atmosphäre ist leidenschaftlich, lebendig, gastfreundlich und auch ein bisschen laut.

Los Diamantes
Calle Navas 28, Granada

»Von gebratenem Fisch bis zu Auberginen mit Honig, ganz zu schweigen von den köstlichen Meeresfrüchten – in dieser kultigen Bar in Granada gibt es die besten Tapas!«

ANDALUSCHISCHE WEINE UND ANDERE GETRÄNKE

SHERRY

Um den typischen Geschmack dieses berühmten Sherrys zu erhalten, versetzen die Hersteller ihn mit Branntwein. Sherry gibt es als *fino* oder *oloroso*, der kräftiger ist. Aus diesem Wein werden Sherryessig und der Brandy de Jerez hergestellt.

MONTILLA-MORILLES

Südlich von Córdoba wird dieser **Weißwein** mit geschützter Herkunft hergestellt. Er ist süßer als Sherry und passt gut zu Tapas!

MANZANILLA

Er ist der beliebteste **Aperitif** der Andalusier während der großen Feste, insbesondere der *ferias*! Manzanilla kommt aus Sanlúcar de Barrameda, nördlich von Cádiz. Er ist ein leichter und frischer Wein, der oft als Aperitif oder Cocktail serviert wird.

MALAGAWEIN

Dieser von Natur aus süße, fast likörartige Wein wird aus den Trauben der Weinberge an den Hängen von Málaga und Axarquía gewonnen. Es gibt **rote und weiße Malagaweine**, in verschiedenen Reifestufen. Der jüngste, der »noble«, ist zwischen 2 und 3 Jahre alt.

RUM

Tatsächlich wird in Andalusien Rum hergestellt! Dank des subtropischen Klimas wurde in **Motril** bis 2006 Zuckerrohr angebaut. Der **Ron Montero** (mit Honig- und Gewürzaromen) wird hier seit 1963 produziert.

Bodega La Sangre de Ronda
Calle González Campos 2 Ronda

»Die Reben werden auf 850 m Höhe angebaut und liefern tiefrote Weine mit zarten blumigen Noten.«

ANDALUSIENS SPEZIALITÄTEN

Gazpacho
DIE kalte andalusische Tomaten-Rohkost-Suppe.

Jamón
Luftgetrockneter Ibérico-Schinken bester Qualität!

Salmorejo
Kalte Suppe mit Tomate, Brot und Knoblauch.

Rabo de toro
Wie Bœuf bourguignon mit Ochsenschwanz.

Migas
Trockenes gebratenes Brot mit Chorizo, Speck ...

Flamenquín
Paniertes Schinkenbrötchen, typisch in Córdoba.

Pescaito frito
Kleine Fische, oft Sardellen, gefüllt und gebraten.

Churros
Eine Art Krapfen, eingetaucht in Schokolade.

Tocino del cielo
Eine Art Flan.
Eine Spezialität in Jerez!

El Rinconcillo
Calle Gerona 40
Sevilla *(S. 90)*

»Kleine, in Olivenöl gebratene Fische, gewürzt mit einem Spritzer Zitrone, die man recht zügellos mit den Fingern isst.«

Casa El Pisto
Plaza de San Miguel 1
Córdoba *(S. 120)*

»Eine traditionelle *salmorejo* mit gewürfeltem Serrano-Schinken und hart gekochtem Ei. Eine herzhafte Köstlichkeit, die man nicht vergisst!«

Bodeguita El Gallo
Calle San Agustín 19
Málaga *(S. 48)*

»An der Theke gibt es eine Auswahl an hausgemachten Tapas, perfekt, um die vielen andalusischen Spezialitäten zu genießen.«

EIN WENIG GESCHICHTE

2. Jh. v. Chr. – 5. Jh. n. Chr.
Antike

Phönizier, Griechen, Karthager und später die Römer besetzten Südspanien. Noch heute gibt es wunderschöne archäologische Überreste zu sehen.

409
Invasion der Vandalen

Die Vandalen fallen in Baetica ein, wie die Region von den Römern genannt wird. Ab dem Jahr 411 lassen sich auch die Westgoten dort nieder.

8. Jh. – 11. Jh.
Al-Andalus

Die Mauren fallen in Spanien ein. Muslimische, jüdische und katholische Kulturen und Religionen treffen aufeinander. Kulturelle und wirtschaftliche Entwicklung.

9. Jh. – 15. Jh.
Die Reconquista

Nach und nach versuchen die spanischen Könige, die von den Mauren besetzten Ländereien zurückzuerobern. Mit der Eroberung von Granada gelingt ihnen der Sieg.

1492 und das Siglo de Oro
Christoph Kolumbus

Nachdem die Reconquista abgeschlossen ist, fördern die Katholischen Könige den Handel, die Künste und die Erkundung neuer Gebiete. Christoph Kolumbus bricht von Palos de la Frontera (in der Nähe von Cádiz) aus auf, um eine neue Route nach Indien zu suchen … und »entdeckt« Amerika. Ein neues goldenes Zeitalter für Andalusien beginnt.

1704
Einnahme von Gibraltar

Nach dem Tod Karl II. löst die Gier nach dem spanischen Thron einen Erbfolgekrieg aus, der sich bis nach Gibraltar erstreckt, das von den Briten eingenommen wird.

1805
Trafalgar

Napoleon vereint französische und spanische Armeen, um die Britischen Inseln zu erobern, scheiterte am 21. Oktober aber auf See vor Trafalgar, 60 km vor Cádiz.

1810–1812
Belagerung von Cádiz

Spanischer Unabhängigkeitskrieg. Rückzug der Regierung nach Cádiz. In der belagerten Stadt wird die erste spanische Verfassung, die »Pepa«, verabschiedet.

1936–1939
Der Spanische Bürgerkrieg

Konflikt zwischen Republikanern und Nationalisten unter General Franco. Nach seinem Sieg errichtet er ein diktatorisches Regime, das bis zu seinem Tod 1975 andauert.

1981–1982
Auf dem Weg zur Autonomie

Andalusien erhält den Status einer autonomen Gemeinschaft. Die Junta de Andalucía verwaltet die internen Regierungsangelegenheiten.

1992
Expo in Sevilla

Anlässlich der Feierlichkeiten zum 500. Jahrestag der Entdeckung Amerikas kehren Sevilla und Andalusien ins Rampenlicht der Weltöffentlichkeit zurück.

ARCHÄOLOGISCHE STÄTTEN

Baelo Claudia
Die Ruinen der römischen Stadt aus dem 2. Jh. v. Chr. liegen direkt am Meer.

Itálica
206 v. Chr. von Scipio Africanus gegründet.

Römische Nekropole
(Carmona) Grabkammern und Nischen.

Acinipo
Theater, Thermen und andere Ruinen.

Medina Azahara
Ruinen einer Umayyadenstadt aus dem 10. Jh.

RTUGAL
SPANIEN
Medina
Azahara
S. 115
Córdoba
Úbeda
S. 110
S. 114
Itálica
Santiponce
Römische
Nekropole
Carmona
ANDALUSIEN
Sevilla
Granada
Acinipo
S. 68
Ronda
Málaga
Almería
Cádis
COSTA
DE LA LUZ
COSTA
TROPICAL
Marbella
COSTA DEL SOL
S. 74
Baelo Claudia
Bolonia
Gibraltar
MITTELMEER
ANTISCHER
OZEAN
MAROKKO
0
50
100 km

SPANISCH-MAURISCHE ARCHITEKTUR UND KUNST

Der Einfluss islamischer Kunst

Arabesken und Achtecke finden sich auf zahlreichen Gebäuden. Sie sind charakteristisch für die islamische Kunst, die von den Muslimen auf die Iberische Halbinsel gebracht wurde. Nach der Reconquista behielt man viele Elemente bei und integrierte sie, wodurch der **Mudéjarstil** entstand.

Azulejos

Die einst von den Muslimen eingeführte Azulejo-Technik entwickelte sich in besonderer Weise in Andalusien. Die Nasridenpaläste der Alhambra (13. Jh., Granada) bieten ein ganz besonderes Beispiel und sind reich mit Azulejo-Tafeln mit geometrischen Mustern in Grün, Blau und Orange verziert.

Mezquita-Catedral de Córdoba
Moschee und Kathedrale.

Die Alhambra, Granada
Diese berühmte Anlage ist UNESCO-Weltkulturerbe.

Alcázar, Séville
Mudéjar, Gotik, Barock – Andalusien pur!

Die Giralda, Sevilla
Einst Minarett, dann Glockenturm der Kathedrale.

WEITERE ARCHITEKTURSTILE

Gotik
Die prächtige Kathedrale von Sevilla *(S. 82)*.

Renaissance und Isabellinischer Stil
In Baeza: der monumentale Palacio del Jabalquinto *(S. 127)*.

Barock
Die Kathedrale von Cádiz und ihre Türme *(S. 72)*.

Eklektizismus
Ganz Spanien auf der Plaza de España in Sevilla *(S. 96)*.

Zeitgenössisch
Metropol Parasol in Sevilla *(S. 88)*.

GÄRTEN IN ANDALUSIEN

Gärten von Généralife (Granada) Wasserspiele im Nasridenparadies.

Real Alcázar (Sevilla) Renaissance-Oase mit maurischen Einflüssen.

Alcázar de los Reyes Cristianos (Córdoba) Hübsche Wasserbecken.

Alcazaba (Almería) Duftende Gärten am Fuße der Festung.

Casa del Rey Moro (Ronda) Terrassen, Azulejos und eine tolle Aussicht.

Jardín Botánico La Concepción Tropischer Garten (Málaga).

RTUGAL
SPANIEN
S. 118
Alcázar de los Reyes Christianos
Córdoba
Úbeda
S. 82
Real Alcázar
Sevilla
ANDALUSIEN
S. 136
Gärten von Géneralife
Granada
S. 60
Casa del Rey Moro
Ronda
S. 150
Jardín Botánico La Concepción
Málaga
S. 170
Alcazaba
Almería
Cádis
COSTA DE LA LUZ
Marbella
COSTA DEL SOL
COSTA TROPICAL
Gibraltar
LANTISCHER OZEAN
MITTELMEER
MAROKKO
0
50
100 km

AKTIVITÄTEN

WANDERUNGEN

Wandern ist die beste Art, um die andalusischen Sierra zu erkunden. Es gibt zahlreiche Wanderwege, insbesondere in der Sierra de Grazalema. *(S. 66)*

HAMMAM

Entspannen Sie sich in einem der orientalischen Bäder. In Granada gibt es schöne, traditionelle Einrichtungen, die zum Wellnessen einladen. *(S. 144)*.

SURFEN

Ein Strand zum Surfen? Cabopino in der Nähe von Marbella! Anfänger können in diesem eher ruhigen Wasser ihre ersten Versuche machen. Es gibt viele Spots und Schulen.

MUSIK UND TÄNZE

FLAMENCO

Aus der Mischung arabischer, jüdischer und Gitano-Musik entstand im 18. Jh. der Flamenco. Den Rhythmus geben Klatschen und Stampfen, Tanz, Gesang und Gitarre vor. Flamenco bringt jede andalusische Bühne zum Beben – wie viele Bars in Andalusien bieten auch die Baraka Sala Flamenca *(S. 106)* in Sevilla und die Taberna La Fuenseca in Córdoba *(S. 122)* Aufführungen an. Es ist nicht unüblich, dass das Publikum die Tänzer begleitet.

SEVILLANA

Die *sevillana* ist ein traditioneller Tanz aus Sevilla – hier dreht sich alles um die Liebe. Die Sevillana ist älter als der Flamenco und wird oft mit ihrem jüngeren Bruder verwechselt. Im Gegensatz zum Flamenco aber, der zumeist solo getanzt wird, handelt es sich bei der *sevillana* um einen Paar- oder Gruppentanz. Die *sevillana* kann man auf *ferias* und *romerías* bewundern!

VERDIALES

Als Tanz und Musikstil haben die *verdiales* ihre Wurzeln in der Region Málaga. Die Musiker spielen mit Saiten- und Schlaginstrumenten und geben das Tempo für die Sänger und Tänzer vor. Man trägt die Kleidung, die einst die Landbevölkerung trug, die die *verdiales* hervorbrachte. Mit ihren fröhlichen Noten verströmen diese Bauernfeste gute Laune!

MÁLAGA — RONDA — SEVILLA — CÓRDOBA — GRANADA — MÁLAGA

DIE TOP-SIGHTS IN ANDALUSIEN

TOUR 1

Das Herz Andalusiens lässt sich in fünf Etappen erkunden, die für diejenigen, die etwas mehr Zeit im Gepäck haben, durch zwei weitere Streckenvarianten ergänzt werden.

1 Málaga

Die Kunststadt am Meer
1 Tag

2 Ronda

Ein schwindelerregendes Dorf
1 Tag

Cádiz

Variante ab Ronda
um Cádiz und die Costa de la Luz zu besuchen.

3 Sevilla

Die Hauptstadt Andalusiens
2–3 Tage

4 Córdoba

Festlich und historisch
1–2 Tage

Úbeda

Variante ab Córdoba
um die Renaissancestädte zu besuchen.

5 Granada

Tausendjährige Königsstadt
2–3 Tage

10 Tagesausflüge

- Caminito del Rey
- Torcal de Antequera
- Die Weißen Dörfer
- Cueva del Gato und Cueva de la Pileta
- Sierra de Grazalema
- Provinz Huelva
- Sierra de Aracena
- Coto de Doñana
- Montefrío und Alhama
- Die Dörfer in der Sierra Nevada

ETAPPE 1 MÁLAGA

VOM FLUGHAFEN INS STADTZENTRUM

Shuttlebus: Bus A Exprés Aeropuerto (Linie 75). 15–20 Min. Fahrt
Zug: Nummer C-1. 12 Min. Fahrt
Taxi: ca. 15 Min. Fahrt

UNTERWEGS IN MÁLAGA

Das Zentrum von Málaga lässt sich sehr gut zu Fuß erkunden.
Tarteja Transbordo: Ticket für Fahrten mit dem Bus (außer Flughafen). Kann in Tabakläden gekauft werden.
Tarteja Monedero: Ticket mit Fahrten für Bus und U-Bahn. Kann in Tabakläden gekauft werden.
Bus: blau/weiß. Tickets im Bus.
Zug: Der Tren de Cercanías verbindet unter anderem den Bahnhof mit dem Flughafen.
Fahrrad: Malagabici, Mietfahrradsystem. 30 Min. kostenlos, danach minutengenaue Abrechnung.
Auto: wenige Parkplätze innerhalb der Stadtmauern, teure Parkhäuser.

INFOS & ADRESSEN

In der **Touristeninformation** erhalten Sie alle Informationen über die Stadt.
www.malagaturismo.com

- Plaza de la Marina 11 – ✆ 951 92 60 20
- Plaza de la Constitución 7 – ✆ 951 30 89 11

Informationen zum Málaga-Pass auf: www.malagapass.com

SEHENSWERTES

- An einem Tag können Sie die wichtigsten Sehenswürdigkeiten von Málaga besichtigen. Nehmen Sie einen Sightseeing-Bus oder eine Pferdekutsche, um die Stadt aus einer anderen Perspektive kennenzulernen.
- Es werden geführte Touren angeboten, um alle Ecken der Stadt kennenzulernen: www.exploramalaga.com, www.walkingtoursmalaga.com
- Zu Fuß dauert es 15–20 Min. von der Plaza de la Merced zur Playa de la Malagueta.

TOUR
1

MÁLAGA

Willkommen in der Geburtsstadt von Picasso! Málaga liegt an der Costa del Sol und wird von der Alcazaba überragt. Hier können Sie an den Stränden entspannen, nasridische Bauwerke entdecken und die regionalen Weine probieren.

HIGHLIGHTS

- A Catedral
- B Museo Picasso
- C Museo de Málaga
- D Alcazaba
- E Palmeral de las Sorpresas
- F Playa de la Malagueta
- G Plaza de la Merced
- H Museo del Vino
- I Mercado de Atarazanas

MITTAGSPAUSE

1. Casa Lola
2. El Gastronauta
3. La Bodeguita El Gallo
4. Noviembre
5. Mamuchis

RESTAURANTS

6. Taberna de Pitita
7. El Mesón de Cervantes
8. L'Expérience
9. La Peregrina Centro

EISDIELEN UND AUSGEHEN

10. Casa Mira
11. Casa Aranda
12. La Fábrica de Cerveza
13. Teatro Cervantes
14. Terraza Club Chinitas
15. Peña Juan Breva

TOUR 1
Museo del Vino
H
Av. de Fátima
Av. de la Rosaleda
PL. DE LA AURORA
PUENTE AURORA
Puente
Carretería
S. Julián
Olleras
PL. DE S. PEDRO DE ALC.
A. Pérez
Comedias
Méndez
Núñez
C. Mariblanca
C. Álamos
Madre de Dios
Ramos Marín
C. San J. de Letrán
Picassos Geburtshaus
La Victoria
G
Plaza de la Merced
C. R. Franquelo
T. Cózar
Castillo de Gibralfaro
Alcazabilla
Puerta Nueva
Compañía
PL. D. SIGLO
Calle Granada
C. Echegaray
C. d. Duque de la Victoria
San Agustín
Larios
Museo Picasso
B
Alcazaba
D
Teatro Romano
MUPAM
Paseo de Reding
Cisneros
PL. DE LA CONSTITUCIÓN
Pje. Chinitas
C. Fresca
Catedral
A
Císter
PL. DE LA ADUANA
PL. OBISPO
Museo de Málaga
C
G. Sotelo
Av. de Cervantes
PLAZA DEL GENERAL TORRIJOS
Plaza de Toros
Maestranza
Sto. Domingo
P. Sta. Isabel
Fajardo
S. Juan
Nueva
PL. FÉLIX SÁEZ
S. Souvirón
C. Herrería del Rey
Al. Luján
J. Díaz Bolsa
C. Marqués de Larios
C. Molina
Mercado de Atarazanas
I
Calle Atarazanas
Martínez
Paseo del Parque
Paseo de los Curas
PL. DE LA MARINA
Alameda Principal
PUENTE TETUÁN
Palmeral de las Sorpresas
E
Centre Pompidou
Vélez
San Nicolás
Reding
C. Trinidad Grund
C. Casas de Campos
Tomás de Heredia
Córdoba
C. Somera
Alameda de Colón
Pinzón
D. de Parcent
Avenida Manuel Agustín Heredia
Estación marítima
Muelle Uno
Paseo de la Farola
Paseo Ciudad de Melilla
F
Playa de la Malagueta
Alemania
CAC Málaga
Hafen
Leuchtturm
Paseo de la Farola
MITTELMEER
afen Málaga – del Sol (12 km)
200 m

MÁLAGA

HIGHLIGHTS

A CATEDRAL

Calle Molina Lario 9 | So geschl. | Eintritt

Die **Catedral de la Encarnación**, errichtet von den Katholischen Königen, besticht durch ihre Skulpturen und ihre Orgel. Ihrem Südturm verdankt sie ihren Spitznamen »Manquita« (Einarmige).

B MUSEO PICASSO

Calle San Agustín 8 | Eintritt

Im Palacio Buenavista sind etwa 200 Werke Pablo Picassos, des Lieblingskindes von Málaga, ausgestellt. Verpassen Sie nicht die Gemälde *Drei Grazien* und *Kind mit einer Schaufel*!

C MUSEO DE MÁLAGA

Plaza de la Aduana | Mo geschl.

Das größte Museum Andalusiens ist im Palacio de la Aduana untergebracht und beherbergt 17 000 Exponate! Zu bewundern sind u.a. Werke von Goya und Velázquez sowie Objekte aus der Alcazaba.

D ALCAZABA

Calle Alcazabilla 2 | So ab 14 Uhr Eintritt frei

Die **Festung Alcazaba** mit ihren Türmen und Gärten bietet einen atemberaubenden Blick über Málaga. Besuchen Sie hier auch das **römische Theater** und das **Castillo de Gibralfaro**.

E PALMERAL DE LAS SORPRESAS

Hübsche moderne **Hafenpromenade** mit einer großen schattigen Pergola. An ihrem Ende befindet sich das **Centre Pompidou**, eine Außenstelle des Kunst- und Kulturzentrums in Paris.

F PLAYA DE LA MALAGUETA

Zwischen dem Stadtzentrum und dem Mittelmeer gelegen, erstreckt sich der **Strand** über 1,2 km. Es gibt Sportanlagen, Kinderspielpätze, Sonnenschirme und Liegen.

G PLAZA DE LA MERCED

Der hübsche Platz wird von der **Casa Natal de Picasso** gesäumt. Statten Sie der Picasso-Statue und dem Obelisken, der an die Soldaten des Unabhängigkeitskrieges erinnert, einen Besuch ab.

H MUSEO DEL VINO

Plaza de los Viñeros 1 | So geschl. | Eintritt

Die Provinz Málaga ist bekannt für ihren Wein, entsprechend wurde thematisch passend ein **Museum** eingerichtet. Mit Weinproben gelingt eine schöne Kombination von Theorie und Praxis !

I MERCADO DE ATARAZANAS

Calle Atarazanas 10 | So geschl.

Diese ehemalige Schiffswerft beherbergt heute einen beliebten **Markt**. Sie können regionale Produkte und Tapas probieren – ein Muss für Gourmets, das Sie auf keinen Fall verpassen sollten!

 Die jeweiligen Öffnungszeiten finden Sie im Register ab S. 178.

TOUR 1

MÁLAGA

MITTAGSPAUSE

1 CASA LOLA

- Ausgezeichnete Tapas, mitten im Zentrum von Málaga.
- *Boquerones* (Sardellen) in Essig, Chorizo, *salmorejo* (Suppe).

Calle Granada 46 | tgl. 12.45–24 Uhr

2 EL GASTRONAUTA

- Unprätentiöses Restaurant mit günstigen Preisen.
- *Paella*, Kunstausstellungen und köstliche hausgemachte Sangria.

Calle Echegaray 3 | Do–Mo 12.30–16.30, 19.30–24 Uhr

3 LA BODEGUITA EL GALLO

»Ich liebe die hausgemachten Tapas: *croquetas*, *flamenquín* (panierte Fleischröllchen). Perfekt für ein schnelles Mittagessen!«

C. San Agustín 19 | Di–Fr 11.30–16.30, 20–24, Sa ab 12, So 12–16.30 Uhr

4 NOVIEMBRE

- Gesunde hausgemachte, kleine Gerichte.
- Salate, Eier, Hamburger 100% bio und glutenfreie Gerichte.

Calle Álamos 18 | tgl. 9–2 Uhr

5 MAMUCHIS

- Von der internationalen Küche inspirierte Küche: mexikanische, griechische und asiatische Gerichte.
- Regelmäßig angebotene Themenmenüs.

Calle Casas de Campos 27 | Mi–Sa 14–16, 21–23, Di 20–23 Uhr

TOUR 1

MÁLAGA

RESTAURANTS

6 TABERNA DE PITITA

- Authentische Taverne mit atemberaubendem Blick auf die Kathedrale.
- Tagesmenü zum kleinen Preis, ausgezeichnete *paella*.

Calle Fresca 12 | Mo–Sa 11.30–23.30, So 19–23.30 Uhr

7 EL MESÓN DE CERVANTES

- Eine mediterrane Geschmacksexplosion.
- *Pimientos de piquillo* (gefüllte Paprikaschoten), *chipirones* (Tintenfische mit Tomaten).

Calle Álamos 11 | Mi–Mo 19–24 Uhr

8 L'EXPÉRIENCE

- Ein unglaublicher Blick auf die Kathedrale!
- *Flamenquín* (panierte Fleischröllchen), Salate, belegte Brote und herzhafte Gerichte.

Plaza Obispo 4 | So–Do 9–1, Fr, Sa 9–2 Uhr

9 LA PEREGRINA CENTRO

»Mein Lieblingslokal, um *pulpo frito* zu essen, nur wenige Schritte von der Plaza de la Merced.«

Calle Madre de Dios 37 | Di–Sa 12.30–16.30, 20–24, So 12.30–16.30 Uhr, Aug. geschl.

MÁLAGA

EISDIELEN UND AUSGEHEN

10 CASA MIRA

• Hausgemachtes Eis mit den Aromen von Málaga.
• Es gibt Turrón, hergestellt mit Mandeln aus Antequera.

Calle Marqués de Larios 5 | tgl. 10.30–22 Uhr

11 CASA ARANDA

»Ich liebe ihre hausgemachten *churros*, eingetaucht in heiße Schokolade. Perfekt, um wieder zu Kräften zu kommen!«

Calle Herrería del Rey 2 | tgl. 8.30–13.30, 17–21, Winter bis 20.30 Uhr

12 LA FÁBRICA DE CERVEZA

• Leckere Craft-Biere und tolle Konzerte!
• Internationale Küche: Tex-Mex, Yakitori und mehr.

Calle Trinidad Grund 29 | tgl. 12.30–1.30 Uhr

13 TEATRO CERVANTES

• Ein abwechslungsreiches Programm inmitten eines prächtigen Theatergebäudes.
• Theater, Tanz, Konzerte.

Calle Ramos Marín 1 | Di–Fr 11–14, 18–20.30, Sa 18–20.30 Uhr | (Bild unten)

14 TERRAZA CLUB CHINITAS

»Diese trendige Rooftop-Bar ist super, um mit Freunden zu feiern. Der Blick auf die Kathedrale ist fantastisch!«

Pasaje Chinitas 3 | tgl. 16–1, Fr, Sa bis 3 Uhr

15 PEÑA JUAN BREVA

• Tolle Flamenco-Shows.
• Für diejenigen, die mit dem Tanzen beginnen möchten, gibt es Kurse.

Calle Ramón Franquelo 4 | Mo–Fr 10–14, Do, Sa 21–24, Shows Do, Sa 21.30, Kurse Di um 21.30 Uhr

TOUR
1

TAGESAUSFLUG VON MÁLAGA

CAMINITO DEL REY

DER PFAD DES NERVENKITZELS

- **7,5 km (ca. 4–5 Std. Gehzeit). Der Wanderweg ist nur von Norden nach Süden zu begehen. Es gibt Busse, die zwischen den beiden Zugängen verkehren.**
- **Von Málaga: Fahrt mit dem Auto nach El Chorro im Süden (60 km, 1.15 Std.), dann vom Bahnhof aus mit dem Bus zum Eingang der Stätte fahren**
- **Von Málaga aus fahren Züge zum Bahnhof von El Chorro (ca. 50 Min. Fahrt, www.renfe.com)**

BAR MARIN

Álora

- Frischer Fisch und Meeresfrüchte: Thunfisch und Gambas probieren.
- Großzügige Portionen und günstige Preise.

Calle Alegrías 17 | Di–So 13–16, 19.30–23.30 Uhr

CAMINITO DEL REY

Eintritt | Voranmeldung erforderlich (bis zu 3 Monate im Voraus) über caminitodelrey.info | Verboten für Kinder unter 8 Jahren

Dieser Weg, der ursprünglich für den Bau eines Staudamms (Anfang des 20. Jhs.) in die Klippen gehauen wurde, ist heute ein Weg für sportliche Wanderungen. Dieser »kleine Königspfad« beginnt mit 2–3 km Waldweg und führt dann über Schotterpisten, bevor man den eigentlichen Einstiegspunkt erreicht. Man kann sich dort einen Helm leihen und auf 3 km schmalen Pfaden, Betonstegen, einer Hängebrücke und steilen Treppen seine Schwindelfreiheit beweisen! Das Ganze findet zwischen engen Schluchten in etwa 100 m Höhe statt. Die letzten Kilometer des finalen Abstiegs zum Ausgang sind etwas einfacher. Ausblicke auf Wasserfälle und Beobachtung der Flora und Fauna auf dem Weg.

TOUR 1
Sierra de Yeguas
Fuente de Piedra
Los Llanos
Archidona
Parque natural Sierras Subbéticas
Campillos
Antequera
El Torcal de Antequera
Lac de Guadalhorce
Lac de Guadalteba
Ventas de Zafarraya
Caminito del Rey
El Chorro
Lac de Conde de Guadalhorce
Ardales
Álora
El Burgo
Pizarra
Estacion de Cartama
Parque natural Montes de Málaga
Jardín Botánico de La Concepción
Alozaina
Tolox
Málaga
Rincón de la Victoria
Torremolinos
Benalmádena
Istán
Mijas
Fuengirola
Marbella
COSTA DEL SOL
MITTELMEER
A 92
A 45
A 365
A 384
A 343
A 92M
A 46
A 7075
A 357
A 354
A 7 E 15
A 7
A 355
A 7053
0
5
10 km

TAGESAUSFLUG VON MÁLAGA

EL TORCAL DE ANTEQUERA

EINE VERBLÜFFENDE FELSLANDSCHAFT

- **Strecke: 50 km (1.10 Std.)**
- **Von Málaga aus gibt es Busse bis nach Antequera, dann geht es mit einem Taxi zum Naturschutzgebiet El Torcal**
- **Freier Zugang, es gibt mehrere Wanderwege**
- **Alle Infos finden Sie im Visitors Center (kostenpflichtige geführte Wanderungen usw.), www.torcaldeantequera.com**
- **Die Cueva del Toro kann nicht besichtigt werden**

ERSTAUNLICHE FELSEN

Ursprünglich unter dem Meer gelegen, ist der Park von El Torcal mit Felsen gespickt, die über 150 Mio. Jahre alt sind. Die Kalkreliefs hier haben originelle Formen und stellen eine in Europa einzigartige Landschaft dar. Um 5000 v. Chr. errichtete der Neandertaler hier seinen Lebensraum in den Höhlen. In der Cueva del Toro wurden Höhlenmalereien gefunden.

FLORA UND FAUNA

Obwohl recht hoch gelegen, verfügt der Park über eine reiche Fauna: u.a. Schmetterlinge, Eidechsen, Füchse. Halten Sie auch Ausschau nach Eichen, Lilien oder Orchideen.

DAS OBSERVATORIUM

Sowohl Einsteiger als auch Astronomiebegeisterte sind im Torcal-Observatorium herzlich willkommen. Am besten besuchen Sie die Sternwarte am Abend, um fernab der Stadt die Sterne zu erkunden.

RESTAURANT TORCAL ALTO

Antequera

- Terrasse mit Blick auf den Torcal de Antequera.
- Hausgemachte regionale und vegetarische Gerichte. Ihre Spezialität: *migas de pan con chorizo.*

Tgl. 10–17, Sommer bis 19 Uhr

TOUR 1
Fuente de Piedra
Sierra de Yeguas
Los Llanos
Archidona
Parque natural Sierras Subbéticas
Campillos
Antequera
Stausee Guadalhorce
Stausee Guadalteba
El Torcal de Antequera
Villanueva de la Concepción
Ventas de Zafarraya
Parc El Chorro
Caminito del Rey
Casabermeja
Stausee Conde de Guadalhorce
Ardales
Parque natural Montes de Málaga
Álora
El Burgo
Vélez-Málaga
Estacion de Cartama
Alozaina
Tolox
Málaga
Rincón de la Victoria
Torre del Ma
Torremolinos
Benalmádena
Mijas
Fuengirola
Marbella
COSTA DEL SOL
MITTELMEER
A 92
A 45
A 365
A 384
A 92M
A 343
MA 9016
MA 3404
A 7075
A 46
A 357
A 354
A 7 E 15
A 7
A 355
A 7053
5
10 km

VON MÁLAGA NACH RONDA

- **Strecke: 110 km (2 Std. reine Fahrzeit)**
- **2–3 Std. mit dem Bus oder Zug**
- **Es gibt Busse nach Cártama und zur Cueva de Ardales**

CASTILLO DE CÁRTAMA

Cártama | frei zugänglich

Die Burg stammt aus der Römerzeit und wurde im 10. Jh. von den Arabern umgebaut. Die Ruine, 20 km von Málaga, bietet einen atemberaubenden Blick auf die Ebene von Guadalhorce. *(Bild)*

LA BOCACHA

Carratraca

- Patio im Sommer und Wohnzimmer mit Ofen im Winter.
- Gutes Essen, große Auswahl an Teesorten und *bizcocho* (Joghurtkuchen).

Calle Baños 20 | Mi–Do 12–19, Fr–So 12–24 Uhr

CUEVA DE ARDALES

Ardales | Mo geschl. | Eintritt

Tauchen Sie 1.30 Std. lang in die Tiefen der Erde ein! Neben spektakulären Sälen beherbergt die **Höhle** auch Malereien und Felsgravuren aus dem Paläolithikum.

TOUR 1
Fuente de Piedra
Sierra de Yeguas
Martín de la Jara
aucejo
A 406
A 365
A 92
A 45
Los Llanos
chidona
A 384
A 92M
A 451
Campillos
Antequera
A 384
Almargen
A 343
El Torcal de Antequera
A 367
Caminito del Rey
Stausee Conde de Guadalhorce
enil de odegas
Ardales
Cueva de Ardales
Carratraca
Casabermeja
A 46
A 7075
A 45
Parque natural Montes de Málaga
A 357
Álora
A 343
A 366
El Burgo
Jardín Botánico La Concepción
A 354
Pizarra
Estacion de Cartama
nda
Alozaina
A 357
Tolox
Cártama
Castillo de Cártama
Málaga
Parque natural Sierra de las Nieves
A 397
A 7
Torremolinos
A 355
A 7053
Benalmádena
Mijas
Istán
Fuengirola
A 7
Marbella
A 7
COSTA DEL SOL
Estepona
MITTELMEER
5
10 km

ETAPPE 2 RONDA

Ronda, die Perle aller weißen Dörfer, thront stolz auf steilen Klippen und macht schwindelig! Zu erkunden gibt es einzigartige Aussichtspunkte und die beiden Teile der Stadt, wenn man die berühmte Puente Nuevo überquert.

- **Touristeninformation: Paseo Blas Infante (www.turimoderonda.es)**
- **Es gibt Stadtführungen in verschiedenen Sprachen**
- **Früh kommen, um einen kostenlosen Parkplatz zu ergattern, oder auf den gebührenpflichtigen Parkplätzen parken**

SEHENSWERTES

- A Plaza de Toros
- B Alameda del Tajo
- C Puente Nuevo
- D Pal. de Mondragón
- E Plaza Duquesa de Parcent
- F Casa del Rey Moro
- G Jardines de Cuenca
- H Baños Árabes

ADRESSEN

1. Casa Mateos
2. Carmen la de Ronda
3. Gastrobar Camelot
4. Gastrobar Déjà-Vu
5. Panorámico Rest.
6. Gin&T Bar

TOUR 1
Alameda del Tajo
B
Plaza de Toros
A
Puente Nuevo
C
Gorge du Tajo
Jardines de Cuenca
G
Casa del Rey Moro
F
Puente Viejo
Puente arabe
Puerta de FelipeV
Baños árabes
H
N.-Padre Jesús
Museo Lara
Palacio del Marqués de Salvatierra
Casa de San Juan Bosco
Mirador
PLAZA MARÍA AUXILIADORA
Mirador
Museo Joaquín Peinado
PLAZA POETA ABUL-BECA
Église S. María La Major
Museo del Bandolero
Palacio de Mondragón
D
PLAZA MONDRAGÓN
E
Plaza Duquesa de Parcent
Ayuntamiento
Iglesia Espíritu Santo
Alcazaba
Puertas de Almocábar y de Carlos V
PLAZA DEL SOCORRO
PLAZA DE C.ABELA
PLAZA TENIENTE ARCE
PLAZA DE ESPAÑA
PLAZA LOS DESCALZOS
Río Guadalevín
Cuesta de Santo Domingo
Calle Molino de Alarcón
Calle Escollera
Paseo Blas Infante
Calle C. Salvador Carrasco
Calle Jerez
Calle Sevilla
Calle Molino
Calle Pozo
Calle Lauria
Calle Infante
Calle Cruz
Calle Almendra
Calle Verde
Calle La Naranja
Calle Montrejas
Carrera
Calle Setenil
Espinel
Granada
Montes
Portichuelos
Calle Pastor Divino
Calle San Vicente de Paúl
María
Capitán Cortés
Cabrera-Prim
Virgen de los Dolores
Cecilia
Durazno
La Pileta
Cantos
Clavero
Peñas
Ríos
Santa Cecilia
Vicentes
Carrillo
Ermita
Los Remedios
Las Tiendes
Río Rosas
Carrera Espinel
Calle Sevilla
Calle L. Borrego
M. Soubirón
Calle El Niño
Marina
Calle Virgen de la Paz
Calle P. Romero
C. Nueva
C. Rosario
Real
Armiñán
Tenorio
Calle G. Campos
Gameros
Ruedo
Manuel Montero
Calle Armiñán
1
2
3
4
5
6
200 m

RONDA

SEHENSWERTES

A PLAZA DE TOROS

Calle Virgen de la Paz 15 | Eintritt

Die älteste **Stierkampfarena** des Landes! Zwei Arkadengalerien umschließen die Arena, auf der Stiere und Toreros gegeneinander antreten. Ein **Stierkampfmuseum** vervollständigt die Anlage.

B ALAMEDA DEL TAJO

Paseo Blas Infante 1

Die von Schatten spendenden Bäumen gesäumte **Promenade** führt zu atemberaubenden Aussichtspunkten. Perfekt, um die Aussicht auf die Berge und Schluchten zu genießen.

C PUENTE NUEVO

Plaza de España

Das Wahrzeichen von Ronda, verbindet die alte mit der neuen Stadt. In ihrem Inneren befindet sich ein kleines Museum, das von ihrer Vergangenheit als Hotel, Bar und Gefängnis erzählt.

D PALACIO DE MONDRAGÓN

Plaza Mondragón | Eintritt

Der elegante **Palast** beherbergt heute die archäologischen Ausgrabungen der Region. Öffnen Sie die Türen und betreten Sie die schönen Innenhöfe mit arabischen und gotischen Einflüssen.

E PLAZA DUQUESA DE PARCENT

Der schönste **Platz** in Ronda lädt zu einer erfrischenden Pause ein. Bewundern Sie die vielen Terrassen, das *Ayuntamiento* (Rathaus) und die Kirche Santa María La Mayor.

F CASA DEL REY MORO

Cuesta de Sto. Domingo 9 | Eintritt

Der komplexe historische Bau führt bis zum Fluss. Auf drei Ebenen sind andalusische Gärten angelegt – Natur und Azulejos ergänzen sich hervorragend. Einzigartiges Panorama.

G JARDINES DE CUENCA

Calle Escolleras 1

Nicht zu weit vorlehnen! Die zahlreichen Terrassen, aus denen die **Gärten** bestehen, wurden direkt am Rand der Klippe angelegt. Der Blick auf die **Schlucht des Tajo** ist atemberaubend.

H BAÑOS ÁRABES

Calle Molino de Alarcón 11 | Eintritt

Die **Arabischen Bäder** sind bemerkenswert erhalten. Gewölbe, Bögen und Oberlichter zeugen von der Pracht der Räume aus der Nasridenzeit. Drei Baderäume kann man besichtigen.

 Die jeweiligen Öffnungszeiten finden Sie im Register ab S. 178.

TOUR 1

RONDA

ADRESSEN

1 CASA MATEOS

- Tapas, Salate, gegrilltes Fleisch und saisonale Gerichte.
- Köstlich: Blätterteiggebäck mit gegrillten Sardinen.

Calle Jerez 6 | Di–Sa 13–16, 20–24 Uhr

2 CARMEN LA DE RONDA

- Gutes, kleines andalusisches Restaurant, einfach und günstig.
- Gemütliche Terrasse im Schatten der Bäume.

Plaza Duquesa de Parcent 10 | Di–Sa 13–16, 20–23, So 13–16 Uhr

3 GASTROBAR CAMELOT

»Gute Tapas, tolle Auswahl, gute Preise – diese Bar begeistert! Probieren Sie die *pierna de cerdo al horno* (Hachse aus dem Ofen).«

Calle Comandante Salvador Carrasco 2 | tgl. 11–16, 20–24 Uhr

4 GASTROBAR DÉJÀ-VU

- Originelle Tapas, liebevoll präsentiert.
- Eines der Hauptgerichte: Weizenrisotto mit Roter Bete.

Calle Armiñán 69, local B | Mi–Mo 12–16, 19–22 Uhr

5 PANORÁMICO RESTAURANT

- Gourmetrestaurant, herrlicher Blick auf die Plaza de Toros.
- Risotto mit rotem Reis, Kabeljaubrandade.

Calle Virgen de la Paz 16 | tgl. 13–16, 20–23 Uhr

6 GIN&T BAR

- Tolle Cocktails zu fairen Preisen.
- Auf der Basis von Gin, Whisky und Rum ist für jeden Geschmack etwas dabei!

Calle Comandante Salvador Carrasco | tgl. 15–2 Uhr

TAGESAUSFLUG VON RONDA

DIE ROUTE DER WEISSEN DÖRFER

- **190 km lange Rundreise (3.30 Std. reine Fahrzeit)**
- **Von Ronda aus verkehren Busse zu jedem Dorf**

SETENIL DE LAS BODEGAS

(Bild oben)

Ein origineller Halt! Seit frühester Zeit suchen die Bewohner hier Schutz unter einem riesigen Felsen. In Richtung Calle Cuevas del Sol gibt es die typischsten Geschäfte und Höhlenhäuser zu sehen.

LA ESCUEVA

Setenil

- Das Restaurant ist in einer Höhle untergebracht und hat eine schöne Aussicht auf den Fluss.
- Andalusische Klassiker neu interpretiert.

Calle Cuevas del Sol 64 | Di–So 10.30–17, Do–So bis 24 Uhr

ZAHARA DE LA SIERRA

In der Sierra de Grazalema verzaubert dieses weiße Dorf seine Besucher mit seinen Gassen mit Orangenbäumen und Azulejos. Von der Burg gibt es eine tolle Aussicht auf den See und das Tal.

ARCOS DE LA FRONTERA

Die Stadt ist eine der Perlen auf der Route der weißen Dörfer! Am Rande der Klippen präsentiert Arcos seine reichen Bürgerhäuser, Kirchen und die Überreste einer tausendjährigen Geschichte.

GRAZALEMA

Grazalema, der letzte Halt auf dieser Route, schmiegt sich in die gleichnamige Sierra. Zu sehen gibt es eine Barockkirche, kleine Plätze, Kunsthandwerk und Wachtürme (Aussichtspunkte).

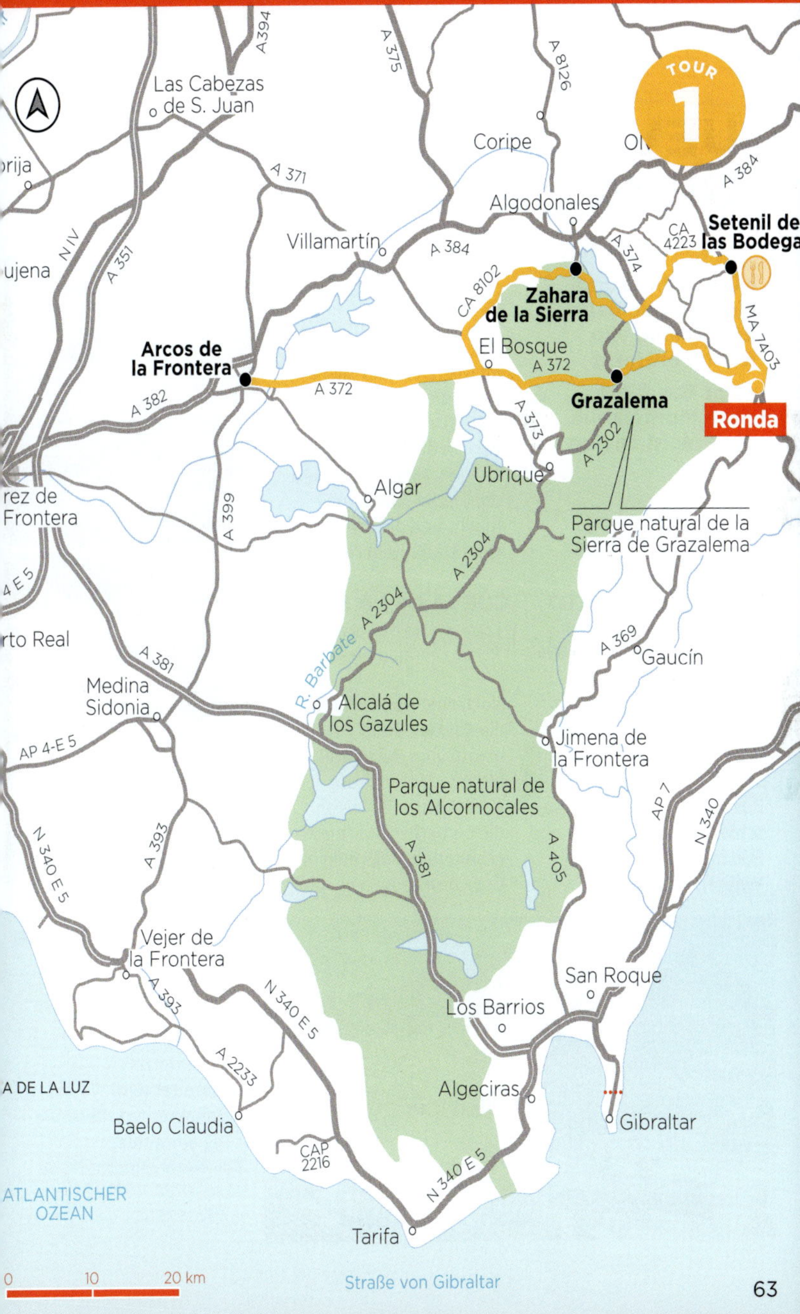
TOUR 1
Las Cabezas de S. Juan
Coripe
Algodonales
Villamartín
Setenil de las Bodega
Zahara de la Sierra
El Bosque
Arcos de la Frontera
Grazalema
Ronda
Ubrique
Algar
Parque natural de la Sierra de Grazalema
Gaucín
Medina Sidonia
Alcalá de los Gazules
Jimena de la Frontera
Parque natural de los Alcornocales
R. Barbate
Vejer de la Frontera
San Roque
Los Barrios
Algeciras
Gibraltar
Baelo Claudia
Tarifa
ATLANTISCHER OZEAN
Straße von Gibraltar
A 394
A 375
A 8126
A 371
A 384
A 374
CA 4223
CA 8102
A 372
MA 7403
A 373
A 2302
A 382
A 351
N IV
A 399
A 2304
A 369
A 381
AP 4-E 5
AP 7
N 340
A 405
A 393
N 340 E 5
A 2233
CAP 2216
0
10
20 km

CUEVA DEL GATO UND CUEVA DE LA PILETA

- **Die Höhlen und Montejaque liegen 20–30 Min. von Ronda entfernt**
- **Der Bus fährt nach Montejaque, aber nicht zu den Höhlen**

MONTEJAQUE

Im Dorf befindet sich ein Höhlenforschungszentrum für diejenigen, die gern in die Tiefe hinabsteigen. Nicht verpassen: die Kirche Santiago El Mayor und die arabische Oberstadt. (Bild rechts)

CUEVA DEL GATO

Carretera Benaoján-Ronda | Zugang zur Höhle gegen Gebühr

Die **Cueva del Gato** ist eine Gruppe von Höhlen, die den Menschen einst als Wohnstätte dienten. Der Zugang zu den Höhlen ist schwierig, einfacher ist ein Bad im smaragdgrünen Wasser. (Bild unten)

CUEVA DE LA PILETA

Carretera MA-501, Serranía de Ronda Eintritt, tel. reservieren

Noch eine Höhle! Auch die **Cueva de la Pileta** diente vom Paläolithikum bis zum Neolithikum als Behausung, wovon die bemerkenswert gut erhaltenen Malereien und Gravuren zeugen.

ASADOR EL MUELLE

Benaoján

- Leckeres Fleisch, das im Holzofen zubereitet wird.
- Beliebter Ort, Reservierung empfohlen.

Barriada la Estación | Mi–So 13.30–17, 20.30–23.30 Uhr | ✆ 952 16 75 08

Río Guadalete
Olvera
A 384
TOUR 1
CA 9120
Algodonales
A 384
Setenil de las Bodegas
Stausee Zahara-El Gastor
Zahara de la Sierra
Acinipo
A 374
MA 7402
Río Majaceite
Benamahoma
Grazalema
A 372
A 372
Sentier del Descansadero
MA 7401
Ronda
Montejaque
Parque natural de la Sierra de Grazalema
Cueva del Gato
Benaoján
A 2302
A 373
Benaocaz
Cueva de la Pileta
Villaluenga del Rosario
Ubrique
MA 8401
A 369
A 397
Cortes de la Frontera
A 373
A 373
Parque natural Los Alcornocales
Algatócin
Gaucín
A 405
A 377
San Pablo de Buceite
0
5
10 km

TAGESAUSFLUG VON RONDA

SIERRA DE GRAZALEMA

WANDERUNGEN ZWISCHEN NATUR UND MÜHLEN

- **Strecke nach Benamahoma: 50 km (1.15 Std.), nehmen Sie die A374 und von Ronda aus die A372**
- **Es gibt Busverbindungen nach Benamahoma**
- **Benamahoma finden Sie auf der Karte auf S. 65**

ARROYO DEL DESCANSADERO UND RÍO MAJACEITE

- Nehmen Sie in **Benamahoma** den Weg entlang des Bachs Arroyo del Descansadero. Auf dem 1,2 km (30 Min.) langen Spaziergang unter schattigen Bäumen trifft man auf Ruinen und Tiere. Der Einstieg ist mit einem Schild markiert.
- Ebenfalls in Benamahoma kann man dem 4,2 km (2.30 Std.) langen markierten Pfad am **Río Majaceite** folgen. Genießen Sie die alten Mühlen und das Vogelgezwitscher.
- Im Dorf Benamahoma befindet sich ein interessantes Volkskundemuseum.

LA DIVINA

El Bosque

- Gegrilltes Fleisch und Fisch vom Holzkohlegrill.
- Gastronomisch und kulturell wird einiges geboten.

Calle Cadiz 1 | Mi–So 13–16, 20–24 Uhr

TOUR
1

VON RONDA NACH SEVILLA

MÖGLICHE VARIANTE VON RONDA:
Sevilla über Cádiz erreichen, siehe Seite 70–77

- Haben Sie Lust, sich ein wenig weiter nach Andalusien vorzuwagen? Sie können über Cádiz nach Sevilla fahren. So liegen die weißen Dörfer und Strände an der Costa de la Luz auf Ihrer Route!
- Planen Sie für diese Verlängerung 2–3 Tage mit Übernachtungen in Cádiz ein.

- **Strecke: 146 km (2.30 Std. reine Fahrzeit)**
- **2–3 Std. mit dem Zug**
- **Busse fahren nach Olvera (nicht nach Acinipo)**
- **Siehe Etappe Sevilla S. 78**

ACINIPO

Öffnungszeiten variieren | Eintritt frei

In der **archäologischen Stätte**, die auch »Ronda la Vieja« (Ronda die Alte) genannt wird, finden sich Spuren römischer Besiedlung. Das Theater und die Thermen sind die beeindruckendsten Überreste.

OLVERA

Dieses charmante Dorf blendet mit dem Weiß seiner kalkverputzten Häuser. Besichtigen Sie auch die barocke Kirche und die Burgruine, die sich gegenüberstehen. *(Bild unten)*

CERVECERÍA LOS ARBOLITOS

Olvera

- Großzügige Tapas-Portionen. Verpassen Sie nicht die *patatas bravas*!
- Hamburger, Gambas, Tortilla und ein kühles Bier.

Av. Julián Besteiro 78 | Fr–Di 9–16, 20–24, Mi 9–16 Uhr

 Die jeweiligen Öffnungszeiten finden Sie im Register ab S. 178.

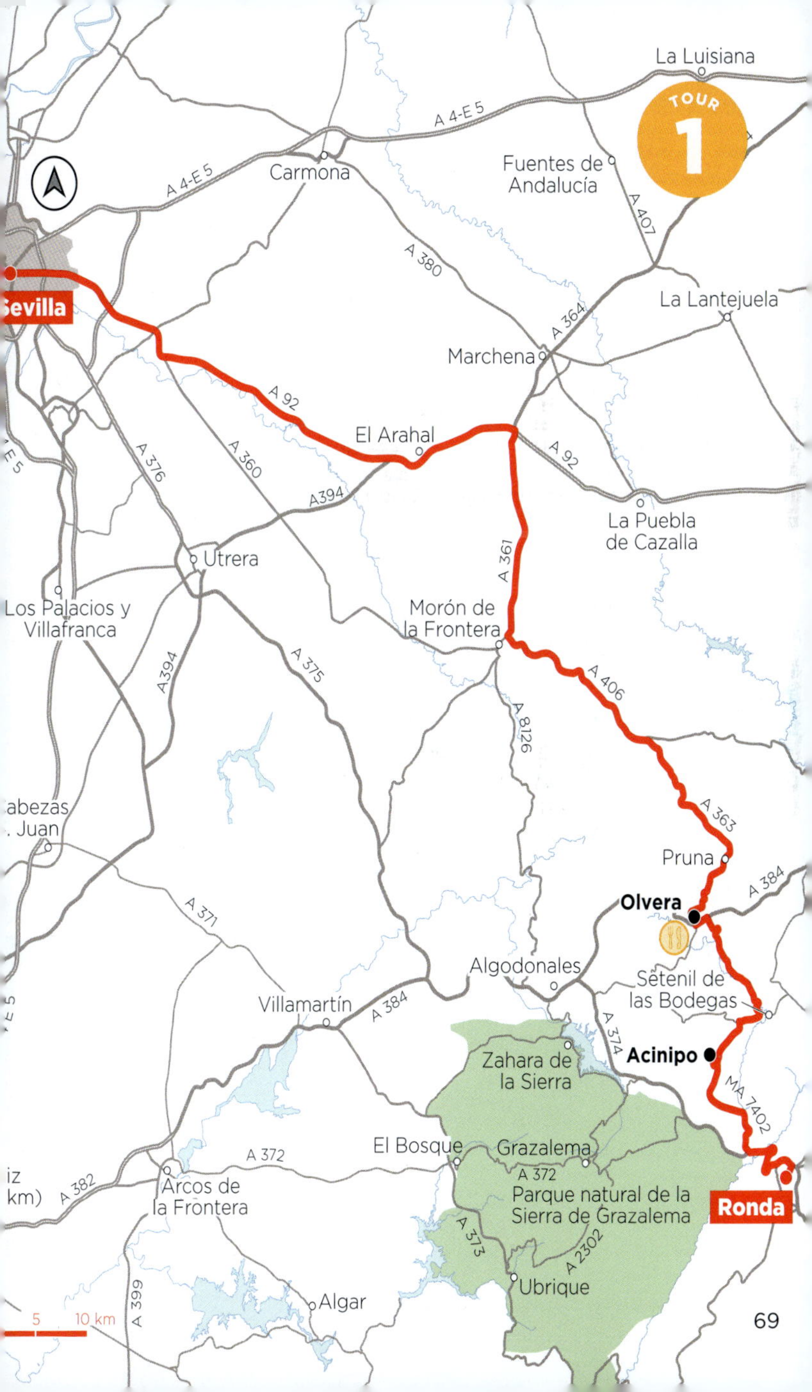
TOUR 1
La Luisiana
A 4-E 5
Carmona
Fuentes de Andalucía
A 407
A 380
Sevilla
La Lantejuela
A 364
Marchena
A 92
El Arahal
A 92
A 376
A 360
A394
La Puebla de Cazalla
A 361
Utrera
Los Palacios y Villafranca
Morón de la Frontera
A 375
A 406
A394
A 8126
A 363
Pruna
A 384
Olvera
A 371
Algodonales
Setenil de las Bodegas
Villamartín
A 384
A 374
Acinipo
Zahara de la Sierra
MA 7402
El Bosque
Grazalema
A 372
A 372
A 382
Arcos de la Frontera
Parque natural de la Sierra de Grazalema
Ronda
A 373
A 2302
Ubrique
Algar
A 399
5
10 km

VARIANTE VON RONDA: CÁDIZ UND DIE COSTA DE LA LUZ

VON RONDA NACH CÁDIZ

- **Strecke: 160 km (2.20 Std. reine Fahrzeit)**
- **4–5 Std. mit dem Bus oder Zug**
- **Busse fahren nach Zahara de la Sierra und Arcos de la Frontera**

ZAHARA DE LA SIERRA

In der Sierra de Grazalema verzaubert dieses weiße Dorf seine Besucher mit seinen Gassen mit Orangenbäumen und Azulejos. Von der Burg gibt es eine tolle Aussicht auf den See und das Tal. *(Bild)*

MESON OÑATE

Zahara de la Sierra

- Gutes andalusisches Restaurant, tolle Aussicht.
- Spezialität: *berenjenas rociera* (Auberginen mit Ei und Käse).

Calle Félix Rodríguez de la Fuente 9 | Mi–Mo 11–16, 20–23.30 Uhr

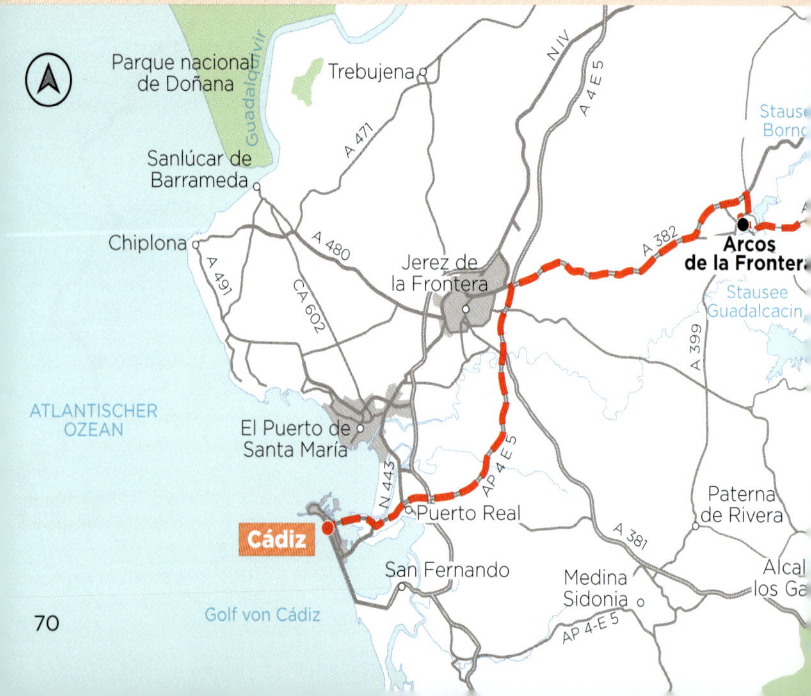

TOUR 1

ARCOS DE LA FRONTERA

Die Stadt ist eine der Perlen auf der Route der weißen Dörfer! Am Rande der Klippen präsentiert Arcos seine reichen Bürgerhäuser, Kirchen und die Überreste einer tausendjährigen Geschichte.

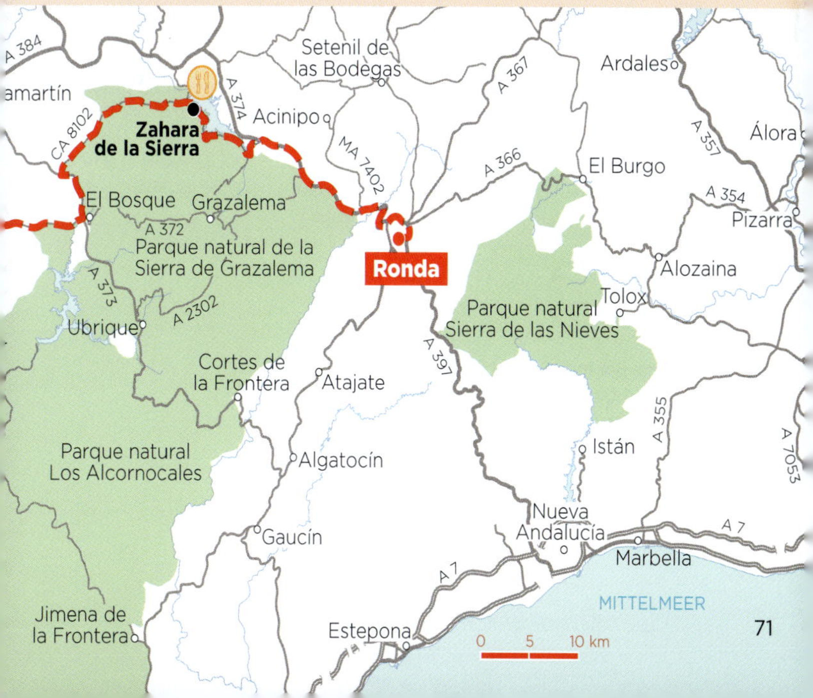

VARIANTE VON RONDA: CÁDIZ UND COSTA DE LA LUZ

CÁDIZ

- **Kommen Sie mit dem Zug oder parken Sie Ihr Auto in einem Parkhaus und besichtigen Sie die Stadt zu Fuß oder mit dem Bus**
- **Im Februar und März tobt das Leben dank des Karnevals elf Tage lang!**

A PLAZA SAN JUAN DE DIOS

Einer der ältesten **Plätze** von Cádiz wird von der Barockkirche San Juan de Dios gesäumt. Das klassizistische Rathaus überrascht mit seinen erhabenen Innenhöfen und der Treppe.

B CATEDRAL

Plaza de la Catedral | Eintritt

Das Gebäude, ein Mix aus Barock und Neoklassizismus, stammt aus dem 18. und 19. Jh. Hier liegt der Komponist Manuel de Falla begraben. Die beiden Türme und die Kuppel sind vom Meer aus zu sehen.

C TORRE TAVIRA

Calle Marqués del Real Tesoro 10 | Eintritt

Im 18. Jh. wurden 160 Wachtürme errichtet, um den Schiffsverkehr zu überwachen. Der **Torre Tavira** verfügt über Camera Obscura, mit der man die Bucht beobachten kann.

D STADTMAUERN

Umrunden Sie die Stadtmauern zu Fuß oder mit dem Bus (city-sightseeing.com)! Eine gute Gelegenheit, die Festungen San Sebastián und Santa Catalina und den Parque Genovés zu besichtigen.

1 EL LUCERO DEL MUELLE

- Früher ein Rückzugsort der Hafenarbeiter.
- Unbedingt probieren: die *churros de gallo* (Churros mit Hühnchen).

Av. del Puerto 1 | Mo–Sa 12–23, Fr, Sa bis 24, So 13–16 Uhr

2 LA VEGANESA

- 100 % vegane Bar mit hübscher Dekoration.
- Jeden Tag wechselnde Speisekarte: z. B. Moussaka oder Tortilla.

Calle San Antonio Abad 5 | Mi–So 13.30–17, 20.30–1, Fr, Sa auch 20.30–1 Uhr

3 LA CAVA

- Flamenco-Show in einer Taverne, die mit 150 Fotos von Künstlern geschmückt ist.
- 30 Min. früher kommen.

Calle Antonio López 16 | Di, Do–Sa 21.30–24 Uhr

 Die jeweiligen Öffnungszeiten finden Sie im Register ab S. 178.

TOUR 1
Bucht von Cádiz
Parque Genovés
Fort
ta Catalina
Playa La Caleta
e San
tián (750 m)
tadtmauern
Teatro de Falla
Museo de Cádiz
Oratorio S. Cueva
Torre Tavira
Hospital de Mujeres
Mercado central
Catedral
Plaza San Juan de Dios
Iglesia de San Juan de Dios
Rathaus
Teatro romano
Port commercial
LA VIÑA
PLAZA FALLA
PLAZA SAN ANTONIO
PLAZA DE LA MINA
PLAZA SAN FRANCISCO
PLAZA ARGÜELLES
PLAZA DE ESPAÑA
PLAZA DE LA HISPANIDAD
PLAZA FILIPINA
PLAZA G. DEL PINO
PL. DEL PALILLERO
PLAZA CANDELARIA
PLAZA DE LAS FLORES
PLAZA DEL TIO DE LA TIZA
PLAZA DE LA CATEDRAL
PLAZA DE FRAY FELIX
PLAZA MERCED
PLAZ SEVILL
Paseo de Carlos III
Calderón de la Barca
Avenida Doctor Gómez Ulla
Avenida Duque de Nájera
Avenida Ramón de Carranza
Avenida del Puerto
Campo del Sur
Honduras
200 m

VARIANTE VON RONDA: CÁDIZ UND COSTA DE LA LUZ

CÁDIZ UND COSTA DE LA LUZ

- **Rundreise Cadiz – Baelo Claudia – Vejer de la Frontera – Cádiz: 200 km (2.45 Std. reine Fahrzeit)**
- **Bus und Zug nach Vejer de la Frontera**

A DIE STRÄNDE RUND UM CADIZ

Die Costa de la Luz bietet schöne Strände, die nur eine Stunde von Cádiz entfernt liegen, Richtung **Bolonia** im Süden! Der wild anmutende Strand wird von einem türkisfarbenen Meer umspült. Folgen Sie der Küste zur wenig besuchten **Playa del Faro de Trafalgar** (Bild oben). Ein Bereich ist für Nudisten zugänglich. Die Strände **Costa Ballena** und **La Calzada** sind zwei schöne Optionen, die weniger als eine Stunde nördlich von Cádiz liegen.

B BAELO CLAUDIA

Tarifa | Mo geschl. | Eintritt

Diese wunderschöne römische Stätte umfasst Thermen, Forum, Wohnhäuser, Straßen und Theater. Ein Einblick in das 2. Jh. v. Chr. Ein Bonus: der Strand von Bolonia gleich nebenan! (Bild unten)

C VEJER DE LA FRONTERA

Im Dorf befindet sich eine Burg aus dem 11. Jh. Steigen Sie hinauf, um die Aussicht zu genießen. Sehenswert ist die Kirche Divino Salvador, erbaut im gotischen Stil mit maurischem Einschlag.

 Die jeweiligen Öffnungszeiten finden Sie im Register ab S. 178.

TOUR 1
Parque nacional de Doñana
Guadalquivir
Las Cabezas de S. Juan
Lebrija
Trebujena
Sanlúcar de Barrameda
Arcos de la Frontera
Jerez de la Frontera
Villamartín
Zahara de la Sierra
El Bosque
Grazalema
Olvera
Route des villages blancs
Ubrique
Algar
Rota
El Puerto de Santa María
Golf von Cádiz
Cádiz
Puerto Real
Parque natural de la Sierra de Grazalema
R. Barbate
Medina Sidonia
Parque natural de los Alcornocales
Costa de la Luz
Conil de la Frontera
C Vejer de la Frontera
A Playa del Faro de Trafalgar
Los Caños de Meca
Zahara de los Atunes
B Baelo Claudia
A Playa de Bolonia
Bolonia
Algeciras
Gibraltar
Playa de Valdevaqueros
Tarifa
ATLANTISCHER OZEAN
Straße von Gibraltar
Ceuta
MAROKKO
10
20 km
A 394
A 375
A 812
A 351
A 371
A 471
A 384
A 374
A 372
A 373
A 2302
N IV
A 480
CA 602
A 491
A 382
A 2304
A 369
A 399
A 381
N 443
AP 4-E 5
AP 7
N 340
N 340 E 5
A 393
A 405
A 2233

VARIANTE VON RONDA: CÁDIZ UND COSTA DE LA LUZ

VON CÁDIZ NACH SEVILLA

- **Strecke: 150 km (2.15 Std. reine Fahrzeit)**
- **1.20–1.45 Std. mit dem Bus oder Zug**
- **Busse fahren nach El Puerto de Santa María und Jerez de la Frontera**

ARENA VON PUERTO DE SANTA MARÍA

Av. del Ejército 59 | Eintritt

Die drittgrößte Stierkampfarena Spaniens bietet Platz für etwa 12 000 Zuschauer! Die imposante Silhouette aus dem Jahr 1880 verbirgt im Inneren eine elegante Architektur.

YEGUADA DE LA CARTUJA

14 km von Jerez | Eintritt

Reitsportfans aufgepasst! Das Gestüt hat sich den Kartäuser- oder Cartujanon-Pferden verschrieben, die ursprünglich von den Mönchen des Klosters gezüchtet wurden. Führung und Show.

MONASTERIO DE LA CARTUJA

6 km von Jerez | Eintritt frei

Gotik, Renaissance, Barock – das Kloster aus dem 15. Jh. ist eine geschmackvolle architektonische Mischung. Kloster und Gärten sind für Besucher geöffnet! Stille und Schönheit.

VENTA EL ALBERO

Jerez de la Frontera

- Hausgemachtes mit Produkten aus der Region seit 1982.
- Spezialität: *berza* (Eintopf aus Schweinefleisch und Kichererbsen).

Hijuela del Pantanal 3 | Do–So 13.30–17 Uhr

JEREZ DE LA FRONTERA

Besuchen Sie die Kathedrale, die an der Stelle einer ehemaligen Moschee steht. Schlendern Sie durch das historische Viertel und sehen Sie sich den Alcázar an. Herrlicher Blick von den Stadtmauern aus.

 Die jeweiligen Öffnungszeiten finden Sie im Register ab S. 178.

Sevilla
TOUR 1
Sanlúcar la Mayor
A 49 E 1
A 474
A 380
A 92
A 376
A 4 E 5
A394
Los palacios y Villafranca
Utrera
Morón de la Frontera
A 375
A394
A 8126
Villafranco del Quadalquivir
Parque nacional de Doñana
Guadalquivir
Las Cabezas de S. Juan
Coripe
Lebrija
A 371
Algodonales
Trebujena
Villamartín
A 384
Zahara de la Sierra
Sanlúcar de Barrameda
A 471
N IV
Arcos de la Frontera
El Bosque
A 372
A 491
CA 602
A 480
A 382
A 372
A 373
Jerez de la Frontera
Monasterio de la Cartuja
Algar
Ubrique
Arena
Yeguada de La Cartuja
El Puerto de Santa María
A 2304
A 399
N 443
A 4 E 5
Cádiz
Puerto Real
A 381
R. Barbate
A 2304
Medina Sidonia
San Fernando
AP 4-E 5
Parque natural de los Alcornocales
Sanctri Pedri
La Barrosa
N 340 E 5
A 393
A 381
A 405
TLANTISCHER OZEAN
COSTA DE LA LUZ
Conil de la Frontera
Vejer de la Frontera
0 5 10 km

ETAPPE 3 SEVILLA

NÜTZLICHE INFOS

• Wenn Sie am Flughafen von Sevilla landen:
– **Shuttle**: EA-Bus (Especial Aeropuerto) Tussam, 45 Min. Fahrt.
– **Taxi**: Beim Einsteigen mit dem Fahrer den Preis absprechen.
• **Feste**: Während der *feria* im April und der *semana santa* (Woche vor Ostern) ist in Sevilla viel los.
• **Touristeninfo**: Plaza del Triunfo, 1 (patio de Banderas), ✆ 954 21 00 05, www.turismosevilla.org
Junta de Andalucía (Bahnhof Santa Justa), www.andalucia.org

SEHENSWERTES

Wir haben Sevilla in vier Stadtteile aufgeteilt:
1. Barrio de Santa Cruz Viertel
2. Alfalfa und El Arenal
3. Rund um den Parque de María Luisa
4. An den Ufern des Guadalquivir

Rechnen Sie zu Fuß mit 30 Min. von der Plaza de España bis zum Metropol Parasol.

RESERVIERUNGEN

• Denken Sie daran, Eintrittskarten für die verschiedenen Sehenswürdigkeiten, die Sie in Sevilla besuchen möchten, im Voraus zu kaufen.
• Für die Kathedrale ist eine Reservierung mindestens **eine Woche im Voraus** erforderlich, für den Real Alcázar und die Giralda wird sie dringend empfohlen.
• Achtung, für einige Sehenswürdigkeiten sind die Tickets begrenzt. Sie werden zu den Öffnungszeiten ausgegeben, man muss sich dann zur angegebenen Zeit einfinden, dies gilt z. B. für die Plaza de Toros de la Real Maestranza.

TOUR 1
4 An den Ufern des Guadalquivir
Parque Isla Mágica
C. Marie Curie
Calle Leonardo da Vinci
PUENTE DE LA BARQUETA
Canal de Alfonso XIII
La Cartuja
Monasterio de la Cartuja
2 Alfalfa und El Arenal
Palacio de las Dueñas
Museo de Bellas Artes
Metropol Parasol
Palacio de la Condesa de Lebrija
Casa de Pilatos
El Divino Salvador
Museo del Baile Flamenco
Estación de la Plaza de Armas
Avenida Expo '92
Calle Arjona
Mercado Lonja del Barranco
1 Barrio de Santa Cruz
Giralda
Catedral
SANTA CRUZ
Real Alcázar
Al. M. del Contadero
Castillo de San Jorge
Calle Betis
Torre del Oro
C. San Jacinto
TRIANA
Real Fábrica de Tabacos
Palacio de San Telmo
Av. Portugal
Plaza de España
Parque de María Luisa
Museo Arqueológico
3 Rund um den P. de María Luisa
Av. República Argentina
LOS REMEDIOS
Av. Flota de Indias
Avenida Juan Pablo II
00 m
Torneo
Calle Dr Marañón
Calle Dr Fedriani
Calle Honderos
Calle Resolana
R. de Capuchinos
MACARENA
Av. Ronda de Pio XII
Av. de Pino
Av. San J. de l
Av. Miraflores
Ctra. de Carmona
Calle María Auxiliadora
Avenida J. Laguillo
Calle Samaniego
Estación de Sta Justa
Av. de Kansas
Morales
Calle de Luis Mor
Calle Luis de
Avenida E. Dato
Calle Javier Francisco
Av. de Ramon y Ca
Av. San Francisco Javier
Cardenal Bueno Monreal
Av. de

SEVILLA

1 BARRIO DE SANTA CRUZ

Stoßen Sie die Tore zum Alcázar auf und betreten Sie das Andalusien des Mittelalters und der Renaissance! Ein Spaziergang durch das historische Viertel ist ein Sprung in die Vergangenheit, mit dem süßen Duft von Orangenblüten.

SEHENSWERTES

- A Catedral
- B Giralda
- C Plaza Virgen de los Reyes
- D Real Alcázar
- E Hospital de la Caridad
- F Torre del Oro
- G Plaza de Toros de la Real Maestranza

ADRESSEN

1. Bodega de Santa Cruz
2. Casa Morales
3. Freiduría La Isla
4. Bar Pelayo
5. Uno de Delicias
6. La Rayuela Restaurante-Bar Sevilla
7. Taberna La Goleta
8. La Cava.bar
9. Petit Comité Sevilla
10. La Casa del Tesorero
11. Mechela Arenal
12. La Monda
13. The Second Room
14. Tablao Flamenco El Arenal
15. Arfe 11
16. Casa de la Guitarra

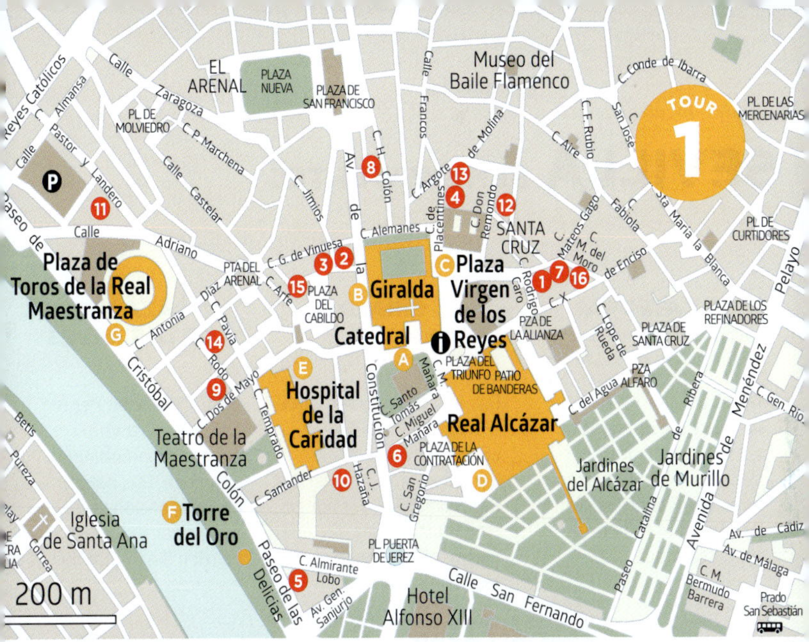
TOUR 1
EL ARENAL
PLAZA NUEVA
PLAZA DE SAN FRANCISCO
Museo del Baile Flamenco
C. Conde de Ibarra
PL. DE LAS MERCENARIAS
Reyes Católicos
C. Almansa
Calle Zaragoza
PL. DE MOLVIEDRO
C. P. Marchena
Calle Castelar
Pastor y Landero
C. Jimios
Av. de la Constitución
C. H. Colón
Calle Francos
C. Argote de Molina
C. de Placentines
C. Don Remondo
C. Aire
C. F. Rubio
C. San José
C. Fabiola
Sta. María la Blanca
PL. DE CURTIDORES
Pelayo
SANTA CRUZ
C. Mateos Gago
C. M. del Moro
C. de Enciso
Paseo de
Calle Adriano
C. Alemanes
PTA. DEL ARENAL
C. G. de Vinuesa
C. Arfe
PLAZA DEL CABILDO
Plaza de Toros de la Real Maestranza
Giralda
Catedral
Plaza Virgen de los Reyes
C. Rodrigo Caro
C. X.
PZA. DE LA ALIANZA
C. Lope de Rueda
PLAZA DE SANTA CRUZ
PLAZA DE LOS REFINADORES
C. Antonia Díaz
C. Pavía
C. Rodo
C. Dos de Mayo
Cristóbal Colón
Hospital de la Caridad
C. Temprado
C. Santo Tomás
C. Miguel Mañara
C. M. Mañara
PLAZA DEL TRIUNFO
PATIO DE BANDERAS
Real Alcázar
C. del Agua
PZA. ALFARO
Ribera
Menéndez
C. Gen. Río
Teatro de la Maestranza
PLAZA DE LA CONTRATACIÓN
C. Santander
C. J. Hazaña
C. San Gregorio
Jardines del Alcázar
Jardines de Murillo
Catalina de Ribera
Avenida de Menéndez
Betis
Pureza
Iglesia de Santa Ana
Torre del Oro
Correa
Paseo de las Delicias
PL. PUERTA DE JEREZ
C. Almirante Lobo
Av. Gen. Sanjurjo
Hotel Alfonso XIII
Calle San Fernando
Paseo
Av. de Cádiz
Av. de Málaga
C. M. Bermudo Barrera
Prado San Sebastián
200 m

SEVILLA SEHENSWERTES

1 BARRIO DE SANTA CRUZ

A CATEDRAL

Plaza Virgen de los Reyes | Eintritt (Mo 16.30–18 Uhr frei)

Die ehemalige Moschee ist heute die drittgrößte gotische Kathedrale der Welt! Im reich verzierten Innenraum befindet sich das Grabmal von Christoph Kolumbus.

B GIRALDA

Plaza Virgen de los Reyes | Eintritt (Mo 16.30–18 Uhr frei)

Das Minarett der Moschee wurde zu einem **Glockenturm** umgebaut. Genießen Sie von oben das Panorama. Auf der Spitze: eine Wetterfahne, die den Sieg der Christen über die Muslime symbolisiert.

C PLAZA VIRGEN DE LOS REYES

Dieser **Platz** im Herzen von Sevilla ist von historischen Gebäuden umgeben. Das Kloster La Encarnación und ein prächtiger Barockpalast werden Sie in Staunen versetzen.

D REAL ALCÁZAR

Plaza del Triunfo | Eintritt (Mo ab 16 Uhr frei), Reservierung dringend empfohlen, besonders für Nachtführungen | (Bild rechts)

Pedro I. begann im 14. Jh., diesen riesigen Komplex aus **Palästen und Gärten** zu errichten. Er wollte einen königlichen Palast (»real«) auf der Grundlage einer bestehenden Festung (»alcázar«). Im Laufe der Jahrhunderte wurde daraus eine unglaubliche Mischung verschiedener Stile – ein prunkvoller Rahmen für einen Spaziergang durch reich verzierte Gebäude und Innenhöfe, die herrliche Oasen sind.

E HOSPITAL DE LA CARIDAD

Calle Temprado 3 | Eintritt

Schönes Barockbauwerk, das auf Wunsch von Miguel Mañara, einem Edelmann aus Sevilla, errichtet wurde. Die prunkvolle Kapelle ist mit Gemälden von Murillo und Valdés Leal geschmückt.

F TORRE DEL ORO

Paseo de Cristóbal Colón | Eintritt (Mo frei)

Der »**Goldene Turm**« war einst mit *azulejos* vergoldet. Er soll als Lagerhaus für das aus Amerika geraubte Gold gedient haben. Heute beherbergt er das Marinemuseum.

G PLAZA DE TOROS DE LA REAL MAESTRANZA

14 000 Zuschauer fasst die Stierkampfarena, in der schon die größten Toreros (u.a. Pepe Hillo) aufgetreten sind. Unter den Tribünen befindet sich ein fesselndes Museum.

 Die jeweiligen Öffnungszeiten finden Sie im Register ab S. 178.

TOUR
1

SEVILLA ADRESSEN

1 BARRIO DE SANTA CRUZ

1 BODEGA DE SANTA CRUZ

- Eine Institution in Sevilla, die für ihre *bolinhos de bacalhau* (Kabeljaubällchen) geschätzt wird.
- Mit Kreide auf dem Tresen notierte Rechnung.

Calle Rodrigo Caro 1 | tgl. 8–24 Uhr

2 CASA MORALES

- Authentische Tapas-Bar seit 1850, dekoriert mit großen Weinkrügen.
- *Espinacas con garbanzos* (Spinat mit Kichererbsen).

Calle García de Vinuesa 11 | Mo–Sa 8–16, 20–24, So 12–17 Uhr | (Bild)

3 FREIDURÍA LA ISLA

- Gebratene Fische, die nach Gewicht in Papiertüten verkauft werden.
- Traditionelle Atmosphäre.

Calle García de Vinuesa 13 | Di–Sa 13–16, 20–23, So 13–16 Uhr

4 BAR PELAYO

- Traditionelle Küche mit avantgardistischem Touch. Typische Deko mit modernen Elementen.
- Probieren Sie die Bäckchen vom Iberico-Schwein.

Calle de Placentines 25 | tgl. 12–24 Uhr

5 UNO DE DELICIAS

- Schöne Aussicht auf den Torre del Oro.
- Schmackhafte hausgemachte Tortilla mit Zwiebeln und auch gute *croquetas*.

Paseo de las Delicias 1 | tgl. 13–17, Mo–Sa auch 20–24 Uhr

6 LA RAYUELA RESTAURANTE-BAR SEVILLA

- Wenige Schritte vom Real Alcázar entfernt.
- Traditionelle und glutenfreie Gerichte.
- *Samoussa de langoustines.*

Calle Miguel Mañara 9 | Mo–Fr 8–16, Sa, So 10–18 Uhr

7 TABERNA LA GOLETA

»Kleine Taverne, perfekt für einen Aperitif! Der Orangenwein, der typisch für Sevilla ist, ist ein wahrer Genuss.«

Calle Mateos Gago 20 | tgl. 12–0.30 Uhr

SEVILLA ADRESSEN

1 BARRIO DE SANTA CRUZ

TOUR 1

8 LA CAVA.BAR

»Diese Gastrobar ist wegen ihrer Tapas einer meiner Favoriten. Meine Lieblingssünde? Der Erdbeer-Gazpacho!«
Calle Hernando Colón 12 | tgl. 12–23, Fr, Sa bis 1 Uhr

9 PETIT COMITÉ SEVILLA

- Ausgezeichnete kreative Tapas und hausgemachte Desserts.
- Besonders ist der Oktopus mit Kartoffelpüree.

Calle Dos de Mayo 30 | tgl. 13–16.30, 20–23.45 Uhr

10 LA CASA DEL TESORERO

- In einem wunderschönen Haus aus dem 16. Jh.
- Herzhafte italienische Küche, z. B. *bistecca alla fiorentina* (gegrilltes Rindfleisch).

Calle Santander 1 | tgl. 12–16, 19.30–24 Uhr

11 MECHELA ARENAL

- Amerikanische Dekoration aus den 1950er-Jahren.
- Reis, Fleisch, Fisch (probieren Sie den Oktopus!).

Calle Pastor y Landero 20 | Mo 20.30–23.45, Di–Sa 13.45–16, 20.30–23.45, So 13.45–16 Uhr

12 LA MONDA

- Mediterrane Küche mit avantgardistischer Note. Sehr gut zubereiteter Oktopus.
- Feurige Flamenco-Shows.

Calle Don Remondo 1 | tgl. 12.30–16.30, 19.30–23 Uhr

13 THE SECOND ROOM

»Kosmopolitische Atmosphäre in dieser kleinen, trendigen Bar. Super, um einen hausgemachten Cocktail mit Blick auf die Giralda zu trinken.«
Calle de Placentines 19 | So–Do 15–2, Fr, Sa 15–3 Uhr

14 TABLAO FLAMENCO EL ARENAL

- Symbolträchtiger Ort für den Flamenco: 90-minütige Show mit 17 berühmten Künstlern.
- Restaurant mit traditioneller Küche.

Calle Rodo 7 | tgl. 19.30–23 Uhr

15 ARFE 11

- Kleine, authentische Bar mit schöner Atmosphäre, Tapas und Cocktails.
- Flamencotanz und -gesang.

Calle Arfe 11 | tgl. 13–23 Uhr

16 CASA DE LA GUITARRA

- Schönes Haus aus dem 18. Jh., Gitarrenausstellung.
- Authentische Flamenco-Shows mit Erklärungen.

Calle Mesón del Moro 12 | tgl. 19.30, 21 Uhr

SEVILLA 2 ALFALFA UND EL ARENAL

Diese lebendigen Viertel vereinen Vergangenheit und Moderne. Teure Häuser stehen neben Modeboutiquen und kleinen Lebensmittelgeschäften. Lassen Sie sich verzaubern!

SEHENSWERTES

- A Palacio de las Dueñas
- B Casa de Pilatos
- C Metropol Parasol
- D Palacio de la Condesa de Lebrija
- E El Divino Salvador
- F Museo del Baile Flamenco
- G Ayuntamiento
- H Museo de Bellas Artes
- I Mercado Lonja del Barranco

MITTAGSPAUSE

1. Bar Europa
2. Entrecárceles
3. La Brunilda
4. La Bodega de la Alfalfa
5. El Rinconcillo

RESTAURANTS

6 El Pintón
7 Taberna del Almirante
8 El Burladero
9 Bodega Palo Santo
10 Palo Cortao
11 Sal Gorda

AUSGEHEN

12 Créeme Helado, Helado
13 Gallo Rojo
14 El Garlochi
15 Casa de la Memoria

SEVILLA SEHENSWERTES

2 ALFALFA UND EL ARENAL

A PALACIO DE LAS DUEÑAS *Calle Dueñas 5 | Eintritt (Mo ab 16 Uhr frei)*

Der **Palast** ist eine architektonische Perle und vereint Elemente aus dem Mudéjar, der Gotik und der Renaissance. Nach den Kunstsammlungen können Sie die Innenhöfe und Gärten bewundern.

B CASA DE PILATOS *Plaza de Pilatos 1 | Eintritt (Mo ab 15 Uhr frei)*

Als sevillanischer **Palast** par excellence verfügt die Casa über einen reichen Schmuck aus Marmor, Azulejos und Kunstwerken. Die Loggien öffnen sich zu Höfen und einer üppigen Vegetation.

C METROPOL PARASOL *Plaza de la Encarnación | Eintritt*

Diese riesige **Holzkonstruktion** ragt 28 m in die Höhe! Von der Spitze offenbart sich ein atemberaubender Blick auf die Stadt. Im Untergeschoss gibt es römische Ruinen zu entdecken.

D PALACIO DE LA CONDESA DE LEBRIJA *Calle Cuna 8*

Dieses Haus gewährt einen Einblick in das Sevilla des 18. Jhs. Der Palast im Mudéjar-Stil beherbergt die Gemächer und die archäologischen Sammlungen der Gräfin von Lebrija. *(Bild)*

E EL DIVINO SALVADOR *Plaza del Salvador 3 | Eintritt*

Einst Tempel, Basilika, Moschee – und heute ist es die barocke **Kirche des Göttlichen Salvador**, die den Platz einnimmt. Altarbild und Skulpturen sind sehenswert.

F MUSEO DEL BAILE FLAMENCO *Calle Manuel Rojas Marcos 3 | Eintritt*

Dieses **Museum** befindet sich in einem Haus aus dem 18. Jh. und enthüllt die Geheimnisse des Flamenco. Es gibt regelmäßige Aufführungen.

G AYUNTAMIENTO *Plaza Nueva 1 | Fr geschl., So Eintritt*

Das **Rathaus** ist ein architektonisches Meisterwerk. Der Renaissancestil aus dem 16. Jh. flirtet mit dem Neoklassizismus aus dem 19. Jh. Sehen Sie sich die Treppe, die Innenhöfe und die Gemälde an!

H MUS. DE BELLAS ARTES *Plaza del Museo 9 | Mo geschl. | Eintritt*

In einem der größten **Museen** des Landes findet man Tausende von Werken aus dem Mittelalter bis ins 20. Jh. Goya, Velázquez oder Murillo sind hier ausgestellt.

I MERCADO LONJA DEL BARRANCO *C. Arjona | tgl. 10–24 Uhr*

Der von Gustave Eiffel entworfene **Markt** ist ein Treffpunkt für Feinschmecker. Es gibt gastronomische Stände und dazu kulturelle Veranstaltungen.

 Die jeweiligen Öffnungszeiten finden Sie im Register ab S. 178.

TOUR
1

SEVILLA MITTAGSPAUSE

2 ALFALFA UND EL ARENAL

1 BAR EUROPA

- Treffpunkt der Einheimischen seit 1925!
- Ausgefeilte Tapas, z. B. Kroketten mit Schinken. Reichhaltiges Frühstück.

Calle Siete Revueltas 35 | So–Do 8.30–16.30, 19.30–24, Fr, Sa 12–24 Uhr

2 ENTRECÁRCELES

- Taverne, in der früher die Gefängniswache untergebracht war.
- Delikate Lebensmittel und Tapas, die man vor Ort essen kann.

Callejón Faisanes 1 | Di–Do 12–17, Fr–So 20–24 Uhr

3 LA BRUNILDA

- Beliebte Adresse im Zentrum von Sevilla.
- Ein Leckerbissen: die Kabeljaubällchen!

Calle Galera 5 | tgl. 13.30–16.30, 20.30–23.30 Uhr

4 LA BODEGA DE LA ALFALFA

- Kalte und warme Tapas. Probieren Sie den *bacalao* (Kabeljau).
- Deutschsprachige Speisekarte, andalusische Weine.

Calle Alfalfa 4 | Mi, Do 12.30–16.30, 20–24, Fr–So 12.30–24 Uhr

5 EL RINCONCILLO

»Eine Taverne mit viel Geschichte, die ich wegen ihrer Vielfalt an Tapas sehr mag. Testen Sie die *caldo* (Hühnersuppe mit Schinken).«

Calle Gerona 40 | tgl. 13–17, 19.30–24 Uhr

TOUR 1

SEVILLA RESTAURANTS

2 ALFALFA UND EL ARENAL

6 EL PINTÓN

- Trendiges Restaurant im Zentrum von Sevilla.
- Hochwertige Tapas und Gerichte wie etwa Toast mit marinierten Sardinen oder Schweinecarpaccio.

Calle Francos 42 | tgl. 12–24 Uhr

7 TABERNA DEL ALMIRANTE

- Moderne Taverne, saisonale Gerichte. Probieren Sie das Tatar vom Roten Thunfisch.
- Drei verschiedene Gasträume.

C. Huelva 22 | Di–So 13.30–16.30, 20.30–24 Uhr

8 EL BURLADERO

- Elegante Location.
- Avantgardistische Qualitätsküche (*pulpo asado*), über 100 Weine.

Calle Canalejas 1 | tgl. 11–1 Uhr

9 BODEGA PALO SANTO

»Beliebte Bodega im Zentrum. Perfekt, um einen *ensadilla de pulpo al pimentón* (Oktopussalat) zu probieren.«

Plaza de la Gavidia 5 | Di–Sa 12.30–17.30, 20–24, So 12.30–17.30 Uhr

10 PALO CORTAO

- Typische Taverne mit über 100 Süßweinen.
- Herzhafte spanische Appetithäppchen.

Calle Mercedes de Velilla 4 | Mi–Sa 13.30–16, 20.30–23, So 13–16.30 Uhr

11 SAL GORDA

- Einfallsreiches wie etwa *gazpacho* aus gelben Tomaten.
- Handwerklich hergestellte Biere und Weine aus der Region.

Calle Alcaicería de la Loza 23 | tgl. 13–16.30, 20–23.30 Uhr

SEVILLA AUSGEHEN

2 ALFALFA UND EL ARENAL

12 CRÉEME HELADO, HELADO

- 100 % natürliches, handgemachtes Eis.
- Originell: Einige Geschmacksrichtungen haben die Namen sevillanischer Künstler.

Plaza del Museo 2 | tgl. 12–24 Uhr

13 GALLO ROJO

- Treffpunkt für junge Sevillaner!
- Gemütliche Location für Ausstellungen, Konzerte und Workshops.

Calle Viriato 9 | tgl. 17–24 Uhr

14 EL GARLOCHI

- Ungewöhnliche Bar zwischen Profanem und Sakralem. Die Einrichtung orientiert sich am Religiösen.
- Außergewöhnlicher Cocktail: das »Blut Christi«.

Calle Boteros 26 | tgl. 21–3 Uhr

15 CASA DE LA MEMORIA

- Die größten Flamencokünstler treten in diesem Haus aus dem 16. Jh. auf.
- Jeden Abend eine andere Show, wechselnde Ausstellungen.

Calle Cuna 6 | Di–Sa 10.30–21 Uhr | (Bild links)

TOUR 1

SEVILLA 3 RUND UM DEN PARQUE DE MARÍA LUISA

Das Universitätsviertel erstreckt sich rund um den grünen, mit Palmen und Rosen geschmückten Park. Open-Air-Bars und wichtige Gebäude säumen den Weg.

SEHENSWERTES

- A Plaza de España
- B Parque de María Luisa
- C Palacio de San Telmo
- D Real Fábrica de Tabacos
- E Museo Arqueológico

RESTAURANTS

- 1 Estragón
- 2 Soravito
- 3 Mirador San Fernando
- 4 La Raza
- 5 Estraperlo
- 6 Abaceria Santa Rosa

AUSGEHEN

- 7 Muelle New York
- 8 Terraza Chile
- 9 Bar Americano

TOUR 1
La Fundicíon
Jardines del Alcázar
Paseo C. de Ribera
Av. de Menéndez Pelayo
Av. de Cádiz
Av. de Málaga
Jardines de Murillo
PL. PUERTA DE JEREZ
Calle San Fernando
3
Hotel Alfonso XIII
9
P
C. D. M. de Padilla
D
Real Fábrica de Tabacos
PLAZA DON JUAN DE AUSTRIA
PLAZA DE SAN SEBASTIAN
Prado San Sebastián
C. José M. Osborne
Riaño
Prado de San Sebastián
Av. de Carlos V
Av. Gen. Sanjurjo
Paseo
Av. de Roma
C
Palacio de San Telmo
C. Palos de la Frontera
Av. del Cid
El Prado de San Sebastián
GLORIETA SAN DIEGO
Avenida de Portugal
Calle Diego
C. Ciudad de Ronda
C. de la Rábida
Casino de la Exposición
4
Museo histórico militar
PLAZA EJÉRCITO ESPAÑOL
C. Dr Pedro de Castro
Guadalquivir
las Delicias
Casa de la Ciencia
Av. de María Luisa
Av. Isabel la Católica
Plaza de España
A
7
8
Fundación Valentín de Madariaga
Calle Cruzadas
Borbolla
Av. Rodríguez Caso
Costurero de la Reina
GLORIETA DE LOS MARINEROS VOLUNTARIOS
PUENTE DE LOS REMEDIOS
GLORIETA DE LAS CIGARRERAS
Parque de María Luisa
B
Avenida de la Borbolla
Avenida
Paseo
PLAZA DE COVADONGA
Calle Montevideo
Calle Brasil
6
5
C. Santa Rosa
C. Compás del Porvenir
Av. de Don Pelayo
Blanco
Carrero Blanco
(Canal de Alfonso XIII)
Santiago Montoto
GLORIETA BUENOS AIRES
las Delicias
Museo de Artes y Costumbres Populares
Pabellón Real
1
Calle Felipe II
C. G. Alonso
Calle Progreso
PLAZA DE AMÉRICA
E
Museo Arqueológico
Jadines de las Delicias
Calle Juan Pablos
2
1
Calle Colombia
Calle Valparaíso
00 m

SEVILLA SEHENSWERTES

3 RUND UM DEN PARQUE DE MARÍA LUISA

A PLAZA DE ESPAÑA

Bild rechts

Ein halbkreisförmiges Gebäude mit Kolonnaden, ein Kanal und ein Brunnen? Dies ist der bekannteste und weitläufigste **Platz** in Sevilla! Die Plaza de España wurde für die Weltausstellung 1929 erbaut.

B PARQUE DE MARÍA LUISA

Av. de María Luisa

Der Park wurde der Stadt 1893 von der Infantin María Luisa geschenkt und ist ein guter Pausenplatz. Die verschiedenen Bereiche sind von den schönsten Gärten Sevillas inspiriert. *(Bild unten)*

C PALACIO DE SAN TELMO

Av. de Roma | Eintritt frei

Der Palast war eine Marineschule, ein herzoglicher Wohnsitz und Sitz der andalusischen Versammlung. Hinter dem Gebäude befindet sich der Parque de María Luisa, die ehemaligen Gärten des Palastes.

D REAL FÁBRICA DE TABACOS

C. San Fernando, 4 | Eintritt frei

Die 1728 erbaute **Universität** war zunächst die erste **Tabakfabrik** Spaniens und eine der größten in Europa. Mérimée ließ sich davon inspirieren: Seine Carmen wird in der Fabrik in Sevilla arbeiten!

E MUSEO ARQUEOLÓGICO

P. de América | Eintritt frei

Ein Museum für Geschichtsinteressierte. Sehr schöne Sammlungen zeigen die andalusische Vergangenheit. Nicht den Schatz von El Carambolo verpassen (Goldschmuck, ca. 7. Jh. v. Chr.).

 Die jeweiligen Öffnungszeiten finden Sie im Register ab S. 178.

TOUR
1

SEVILLA RESTAURANTS

3 RUND UM DEN PARQUE DE MARÍA LUISA

1 ESTRAGÓN

• Moderne Einrichtung, junges Ambiente.
• Italienische Pasta, Salate, Hamburger. Spezialität: Wokgericht mit iberischem Schinken.
Calle Progreso 20 | Di–Do 20–2, Fr–So 13–2 Uhr

2 SORAVITO

• Mediterrane Rezepte, inspiriert von der französischen Küche.
• Tatar, Entenbrust, andalusischer Käse.
Calle Valparaíso 13 | Di–Sa 13.30–16, 20.30–24, So 13.30–16 Uhr

3 MIRADOR SAN FERNANDO

• Innenhof und Terrasse.
• Mediterrane Küche: *paella*, Thunfisch, Gambas in Knoblauch.
Calle San Fernando 23 | Mi–Mo 13–16, 20–24 Uhr

4 LA RAZA

• Im Herzen des Parque de María Luisa, gegenüber dem Casino de la Exposición.
• Schmackhafte Gerichte, angenehme Atmosphäre.
Avenida de María Luisa | Mo, Di 9–17, Mi–So 9–20 Uhr

5 ESTRAPERLO

• Sowohl Restaurant als auch Bioladen.
• Saisonale Produkte, gesunde und günstige Küche.
Calle Santa Rosa 4 | Di–Sa 13.30–16, 20–23, So 13.30–16 Uhr

6 ABACERIA SANTA ROSA

»Dieser charmante Lebensmittelladen ist mein Lieblingsort für einen Aperitif. Andalusische Weine und Käse passen gut zusammen!«
Calle Santa Rosa 4 | Mo–Fr 13–16.30, 20–24 Uhr

SEVILLA AUSGEHEN

3 RUND UM DEN PARQUE DE MARÍA LUISA

7 MUELLE NEW YORK

- Perfekt, um am Flussufer einen Cocktail zu genießen.
- Fröhliche Atmosphäre an den Wochenenden.

Paseo de las Delicias 3 | tgl. 12–2 Uhr

8 TERRAZA CHILE

- Art-déco-Terrasse am Ufer des Guadalquivir, im Winter überdacht.
- Nettes Ambiente, um sich einen Cocktail zu gönnen.

Paseo de las Delicias | tgl. 13–4 Uhr

9 BAR AMERICANO

- Wunderschöne Art-déco-Bar, die um einen andalusischen Innenhof herum angelegt ist.
- Besondere Cocktails und ausgezeichneter Gin Tonic!

Calle San Fernando 2 | tgl. 19–1 Uhr

SEVILLA 4 AN DEN UFERN DES GUADALGUIVIR

Auf der anderen Seite des Guadalquivir erstrecken sich das Viertel Triana und die Isla de la Cartuja. Beobachten Sie die Schiffe auf dem Fluss und schlendern Sie durch die Gassen mit den bunten Häusern. Hier herrscht eine entspannte Atmosphäre!

HIGHLIGHTS

- A Calle Betis
- B Castillo de San Jorge
- C Monasterio de la Cartuja
- D Isla Mágica

RESTAURANTS UND GESCHÄFTE

1. Las Golondrinas 2
2. Bar Triana
3. Tab. Sol y Sombra
4. Puratasca
5. Blanca Paloma
6. Vega 10
7. Los Cuevas
8. La Antigua Abacería

AUSGEHEN

9. Trianilla
10. Donde Juan Carlos
11. Java Café
12. Baraka Sala Flamenca
13. Bar Rejoneo

TOUR 1
Isla Mágica (3 km)
CAAC
Monasterio de la Cartuja
Puente de la Cartuja
Pabellón de la Navegación
Plaza de Armas
Museo de Bellas Artes
Plaza del Museo
Iglesia de la Magdalena
Ayuntamiento
El Arenal
Alfalfa
Plaza Nueva
Plaza de San Francisco
Mercado del Arenal
Mercado Lonja del Barranco
Castillo de San Jorge
Puente de Isabel II (Triana)
Plaza de Toros de la Maestranza
Teatro de la Maestranza
Hospital de la Caridad
Capilla de los Marineros
Calle Betis
Triana
Iglesia de San Jacinto
Plaza del Altozano
Torre del Oro
La Fundición
Puente de San Telmo
Plaza de Cuba
Museo de Carruajes
Puente de Chapina
Plaza de Chapina
Plaza Patrocinio
Plaza Virgen de la Amargura
Plaza de Alfonso Jaramillo
Plaza Zurraque
Plaza de Compostela
Plaza Amadeo Jannone
Plaza de San Martín de Porres
Pl. de la Sacra Familia
Plaza de la Concordia
Pl. Duque de la Victoria
Pl. de la Gavidia
Plaza San Antonio de Padua
Plaza Blasco de Garay
Pl. San Laureano
Plaza Puerto Real
Pl. de la Magdalena
Pl. de Molviedro
Pta del Arenal
Plaza del Cabildo
Av. del Cristo de la Expiración
Paseo de Cristóbal Colón
Paseo las Delicias
Calle San Jacinto
Calle Pagés del Corro
Calle Castilla
Ronda de Triana
Calle Reyes Católicos
Calle Marqués de Paradas
Calle Arjona
Calle Alfonso XII
Calle Sierpes
200 m

SEVILLA HIGHLIGHTS

4 AN DEN UFERN DES GUADALGUIVIR

A CALLE BETIS

Eine bezaubernde Straße mit bunten Fassaden und einem schönen Blick auf das andere Ufer. Restaurants und Bars verleihen dem Flussufer ein lebendiges Flair. *(Bild S. 103)*

B CASTILLO DE SAN JORGE

Plaza del Altozano | Eintritt frei

Ehemaliger Sitz der spanischen Inquisition. Die **Burg** beherbergt heute ein Informationszentrum über dieses Gericht, das die Häresie bekämpfte. Pädagogisch wertvoller und spannender Besuch.

C MONASTERIO DE LA CARTUJA

Av. Américo Vespucio 2 | Eintritt

Auf der Insel La Cartuja erhebt sich das **Kloster** Santa María de las Cuevas. Das ehemalige Wohnhaus der Franziskaner ist heute das **Andalusische Zentrum für zeitgenössische Kunst**. *(Bild links)*

D ISLA MÁGICA

Pabellón de España, Isla de la Cartuja | Eintritt

Ein **Vergnügungspark** auf dem Expo-Gelände von 1992. Eine Reise in die Zeit der Eroberung Amerikas mit Animationen und Fahrgeschäften, die für kleine und große Gänsehaut sorgen.

 Die jeweiligen Öffnungszeiten finden Sie im Register ab S. 178.

TOUR
1

SEVILLA RESTAURANTS UND GESCHÄFTE

4 AN DEN UFERN DES GUADALGUIVIR

1 LAS GOLONDRINAS 2

- Kleine Bar mit gemütlicher Atmosphäre.
- Unten gibt es Tapas, im Obergeschoss eine *ración* (großzügigere Tapa). Die Tortilla ist köstlich.

Calle Pagés del Corro 76 | tgl. 13–17, 20–24 Uhr

2 BAR TRIANA

- Typische kleine Bar: klassische und auch kreative Tapas.
- Früh kommen!

Calle Castilla 73 | Di–Sa 13–16, 20–24, So 13–16 Uhr

3 TABERNA SOL Y SOMBRA

- Schinken hängen an der Decke, Stierkampfplakate an den Wänden.
- Rührei, Eintöpfe, andalusische Wurstwaren, Fisch und Fleisch.

Calle Castilla 151 | tgl. 13.15–16.30, 20.45–24 Uhr

4 PURATASCA

- Feine Aromen, schöne Auswahl an Weinen.
- Unbedingt probieren: fluffiger Reis mit Pilzen und Trüffeln.

Calle Numancia 5 | Mo–Sa 13.30–16, 20.30–24 Uhr

5 BLANCA PALOMA

- Hausgemachte *guisos* (Eintöpfe).
- Zudem gibt es Klassiker der mediterranen Küche.

Calle San Jacinto 49 | Mo–Sa 12.30–16.30, 20.30–24 Uhr

6 VEGA 10

- Kreative Küche, die die Sinne weckt.
- Vegetarische Gerichte: *salmorejo* (Suppe) mit Roter Bete, Hummus und Karottenpastete.

Calle Rosario Vega 10 | Mo–Sa 13–16, 20.30–23.45 Uhr

7 LOS CUEVAS

- Familiäre und freundliche Atmosphäre.
- Gebratene Fische und Gemüseeintöpfe. Spezialität: Kichererbseneintopf.

Calle Virgen de las Huertas 1 | Di–Sa 12.30–17, 20.30–0.30, So 12.45–17 Uhr

8 LA ANTIGUA ABACERÍA

»Typische Atmosphäre ist garantiert in diesem Lebensmittelgeschäft, in dem Weine und Konserven die Regale füllen. Super für einen Aperitif!«

Calle Pureza 12 | tgl. 12.30–16.30, 19.30–23.45 Uhr

TOUR
1

SEVILLA AUSGEHEN

4 AN DEN UFERN DES GUADALGUIVIR

9 TRIANILLA

»Diese kleine Bar überrascht mit geschmackvollen Tapas, frisch vom Markt. Exquisit: das Thunfisch-Tataki.«
Calle Manuel Pareja Obregón 2 | Di–Sa 13.15–16, 20.15–23, So 13–16 Uhr

10 DONDE JUAN CARLOS

- Stand 37 auf dem Triana-Markt.
- Treffpunkt der Stammgäste, die nach dem Abendessen die besten Gin-Tonics Sevillas trinken!

Plaza del Altozano | Mi–So 12–24 Uhr

11 JAVA CAFÉ

»Beliebte Cocktailbar in Triana, in der man mit den Einheimischen einen Drink nimmt. Eine gesellige Atmosphäre, wie man sie liebt!«
Calle San Jacinto 31 | tgl. 15–2, Fr, Sa bis 3.30 Uhr

12 BARAKA SALA FLAMENCA

- Tiefgründige Aufführungen im Herzen der Wiege des Flamenco.
- Eine einstündige Reise durch die Geschichte des Flamenco.

Calle Pagés del Corro 70 | Do–So 20–1 Uhr | (Bild rechts)

13 BAR REJONEO

- Am Ufer des Guadalquivir.
- Berauschende Flamenco-Shows in familiärer Atmosphäre.

Calle Betis 31 B | Mi, Do 23–4, Fr, So 18–4, Sa 18–5 Uhr

TOUR
1

TAGESAUSFLUG VON SEVILLA

IN DER PROVINZ HUELVA

AUF DEN SPUREN VON CHRISTOPH KOLUMBUS

- **215 km lange Rundreise mit dem Auto**
- **Züge und Busse fahren in die Stadt Huelva, von wo aus weitere Busse zu den Besichtigungen auf diesem Ausflug führen**

KOLUMBUS, DER EROBERER

Christoph Kolumbus, ein genuesischer Seefahrer im Dienste der Katholischen Könige, versucht, einen Seeweg nach Indien zu finden, indem er nach Westen segelt. Im August 1492 sticht Kolumbus mit drei Schiffen von Palos de la Frontera aus in See. Im Oktober geht er in der Karibik an Land. Es folgen weitere Reisen in die »Neue Welt«. Die Kolonialisierung und die Unterwerfung der indigenen Bevölkerung machen Spanien reich.

MOGUER

Kolumbus rekrutierte viele Seeleute, die aus Moguer stammten. Im Kloster Santa Clara, das man besichtigen kann, leistete der Seefahrer den spanischen Königen den Treueeid.

PALOS DE LA FRONTERA

Als Ausgangspunkt der Reise stellte die Stadt 60 Seeleute. Ihre Namen findet man gegenüber der Kirche San Jorge. Tauchen Sie in der Casa Museo de Martín Alonso Pinzón in die Zeit von Kolumbus ein.

ABACERIA MONASTERIO 21

Palos de la Frontera

- Genießen Sie die Gourmetküche und gute Weine.
- Konzerte, Verkostungen von Wurstwaren.

Calle del Monasterio 21 | Mi–Mo 8.30–16, 19–24, Sa, So ab 10 Uhr

MONASTERIO DE LA RÁBIDA

Palos de la Frontera | Eintritt

Hier hielt sich Kolumbus vor seiner Reise auf. Mithilfe der Mönche sammelte er sich vor der Jungfrau aus Alabaster. Museum zur Erinnerung an die Expeditionen und hübscher Kreuzgang.

MUELLE DE LAS CARABELAS

Palos de la Frontera | Eintritt

Im Museum liegen Nachbildungen von Kolumbus' drei Schiffen *Niña*, *Pinta* und *Santa María* im Wasser. Auch die Insel Guanahani, auf der er zuerst landete, wurde nachgebildet.

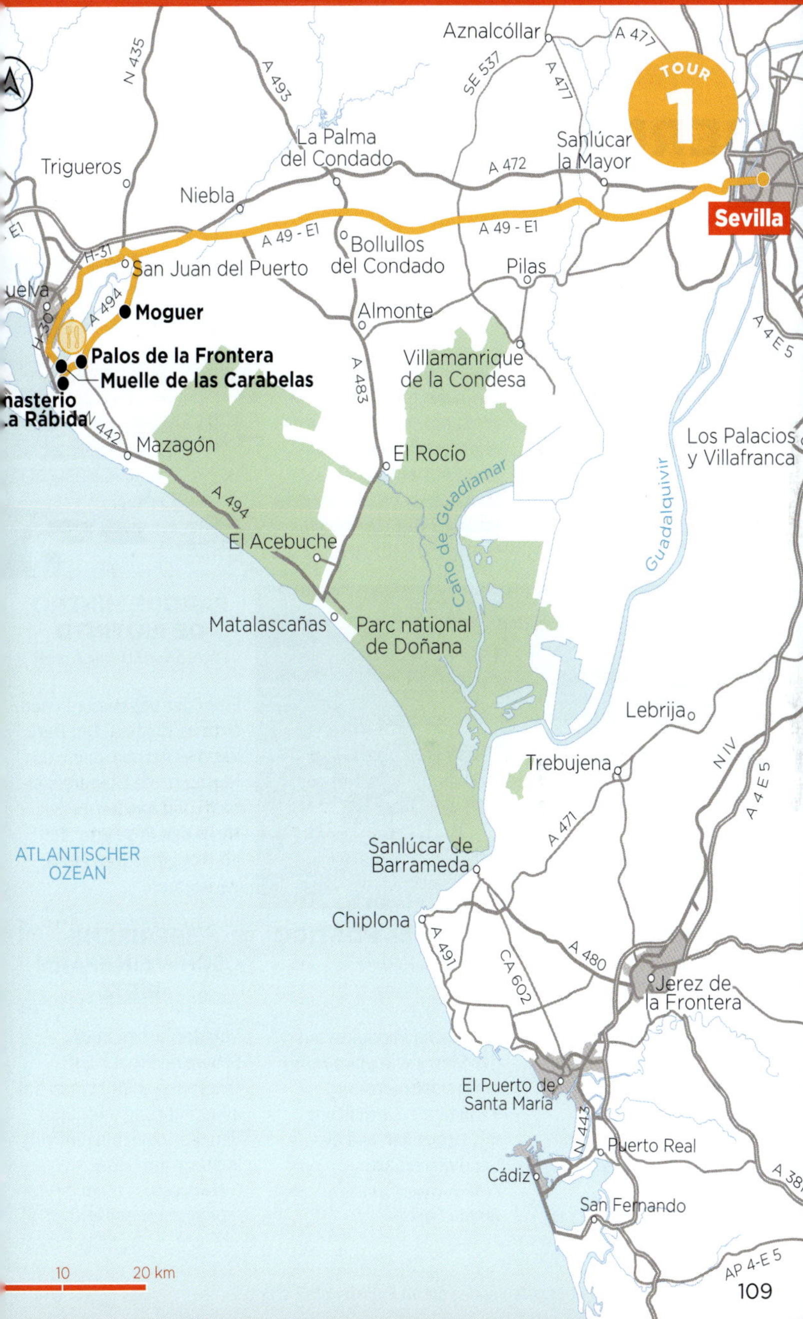
TOUR 1
Sevilla
Aznalcóllar
A 477
SE 537
N 435
A 493
La Palma del Condado
Sanlúcar la Mayor
Trigueros
Niebla
A 472
A 49 - E1
Bollullos del Condado
San Juan del Puerto
Pilas
H-31
uelva
A 494
Moguer
H-30
Almonte
Palos de la Frontera
Muelle de las Carabelas
nasterio
.a Rábida
Villamanrique de la Condesa
A 483
A 4 E 5
N 442
Mazagón
El Rocío
Los Palacios y Villafranca
Caño de Guadiamar
Guadalquivir
El Acebuche
Matalascañas
Parc national de Doñana
Lebrija
Trebujena
N IV
A 471
ATLANTISCHER OZEAN
Sanlúcar de Barrameda
Chiplona
A 491
CA 602
A 480
Jerez de la Frontera
El Puerto de Santa María
N 443
Puerto Real
Cádiz
A 381
San Fernando
AP 4-E 5
10
20 km

TAGESAUSFLUG VON SEVILLA

SIERRA DE ARACENA

EIN KULTURELLER UND KULINARISCHER AUSFLUG

- **210 km lange Rundreise (3.15 Std. reine Fahrzeit)**
- **Es gibt Busse nach Santiponce, zum Bergbaupark Ríotinto und nach Aracena**

SANTIPONCE

Zwei Schätze! Besuchen Sie in der römischen Ausgrabungsstätte **Itálica** das Theater und das Amphitheater. Danach geht es zum gotischen Kloster **San Isidoro del Campo** mit seinen zwei Kirchen.

PARQUE MINERO DE RIOTINTO

Plaza Ernest Lluch | Eintritt

Einer der ungewöhnlichen Orte in Spanien! Der Park hat drei Attraktionen: das Museum, die Dampfeisenbahn und das Bergwerk. Nicht den Río Tinto, den blutrot gefärbten Fluss, versäumen!

GRUTA DE LAS MARAVILLAS

Aracena | Eintritt

Die 1,2 km lange **Höhle** ist spektakulär. In den großen Hallen mit ihren kristallklaren Seen versuchen Stalagmiten und Stalaktiten, sich zu vereinen.

MESÓN EL POSTIGO

Aracena

- Typische Produkte aus der Sierra wie etwa *rebanada postiguito*.
- Rustikale Einrichtung mit Utensilien aus der Landwirtschaft.

Calle Duende 5 | Di–So 13–17, 21–24 Uhr

IBERISCHE SCHWEINEFARM EÍRIZ

Von der Aufzucht der Schweine bis zur Lufttrocknung erfährt man bei einer Führung alles über den Iberico-Schinken. Verkostung am Ende!

Corteconcepción | Eintritt | www.rutadeljamondejabugo.com

TOUR 1
Parque natural de la Sierra de Aracena
Iberische Schweinefarm Eíriz
Aracena
Gruta de las Maravillas
Jabugo
Almonaster la Real
Corteconcepción
Zufre
El Real de la Jara
Santa Olalla del Cala
Almadén de la Plata
Parque Minero de Riotinto
Minas de Ríotinto
Nerva
El Madroño
El Castillo de las Guardas
El Ronquillo
Castiblanco de los Arroyos
Las Pajanosas
Valverde del Camino
Aznalcóllar
Alcalá del Río
Itálica
Santiponce
Camas
Castilleja del Campo
La Palma del Condado
Sanlúcar la Mayor
Sevilla
Bollullos del Condado
Alcalá de Guadaíra
Villamanrique de la Condesa
Huelva
Muelle de las Carabelas
La Rábida
Parque nacional de Doñana
El Rocío
La Rocina
El Acebuche
ATLANTISCHER OZEAN
Odiel
Huelva
Guadalquivir
N 435
N 433
A 434
SE 179
A 470
A 461
A 66
A 488
A 479
SE 185
A 476
A 478
C 433
SE 530
A 436
A 477
HV 5131
A 493
SE 537
A 472
A 49 E 1
A 474
0
10
20 km

TAGESAUSFLUG VON SEVILLA

PARQUE NATIONAL DE DOÑANA DER GRÖSSTE PARK SPANIENS

• Eintritt frei. Es gibt fünf Eingänge. Die von Sevilla aus nächstgelegenen sind:
- Villamanrique de la Condesa, 45 km südwestl. von Sevilla (fahren Sie in Richtung Calle Pascual Márquez und dann in Richtung Villamanrique de la Condesa).
- El Rocío: 85 km südwestl. von Sevilla (Richtung El Rocío fahren). Beide Städte sind auf der Karte auf Seite 111 zu sehen.

• Bus von Sevilla nach El Rocío

EINGÄNGE VON SEVILLA AUS

Villamanrique de la Condesa und El Rocío

• In Villamanrique de la Condesa: Gehen Sie zum Besucherzentrum **José Antonio Valverde**, um Vögel zu beobachten. Geführte Wanderungen von der Plaza de España in Villamanrique aus.
• In **El Rocío**: Gehen Sie zum Besucherzentrum **La Rocina**. Folgen Sie dem Charco de la Boca, einem sehr hübschen Weg mit Aussichtspunkten. Schilder führen Sie durch den gesamten Park.

UNTERWEGS IM PARK

Der Park besteht aus Schirmpinienwäldern im Osten, Stränden im Westen, Sumpfgebieten und Dünen – eine Vielzahl von Landschaften. Von den Besucherzentren La Rocina und José Antonio Valverde (Ausstellungen und Filme, Informationen zu Bustouren) aus kann man auf zahlreichen markierten Wegen wandern, Rad fahren oder reiten.

VOGELSCHUTZGEBIET DOÑANA

Im Park leben etwa 300 Vogelarten! Halten Sie die Augen offen oder nehmen Sie ein Fernglas, um Enten, Flamingos, Adler & Co. aufzuspüren. Tafeln informieren über die Tierwelt.

LA ROCINA

El Rocío

• Familienfreundlich mit frischen Produkten und großzügigen Portionen!
• Probieren Sie *carrillada ibérica en salsa* (Schweinefleisch).

Plaza Doñana 8 | Di–So 11.30–24 Uhr

TOUR
1

VON SEVILLA NACH CÓRDOBA

- **Strecke: 145 km (2.20 Std. reine Fahrzeit)**
- **40 Min.–2 Std. mit dem Bus oder Zug**
- **Busse fahren nach Carmona, Almodovar und Medina Azahara**

NECRÓPOLIS ROMANA

Carmona | Eintritt frei

Entdeckung der Bestattungspraktiken der Römer in Carmona. Die Archäologen haben Hunderte von Gräbern ausgegraben. Das sogenannte Elefantengrab ist das interessanteste.

CASTILLO DE ALMODÓVAR DEL RÍO

Almodóvar del Río | Eintritt

Die Burg wurde im 8. Jh. von den Arabern erbaut und im Laufe der Jahrhunderte immer wieder verändert. Eine Mischung aus orientalischen und westlichen Stilen. Sehr schönes Panorama! *(Bild)*

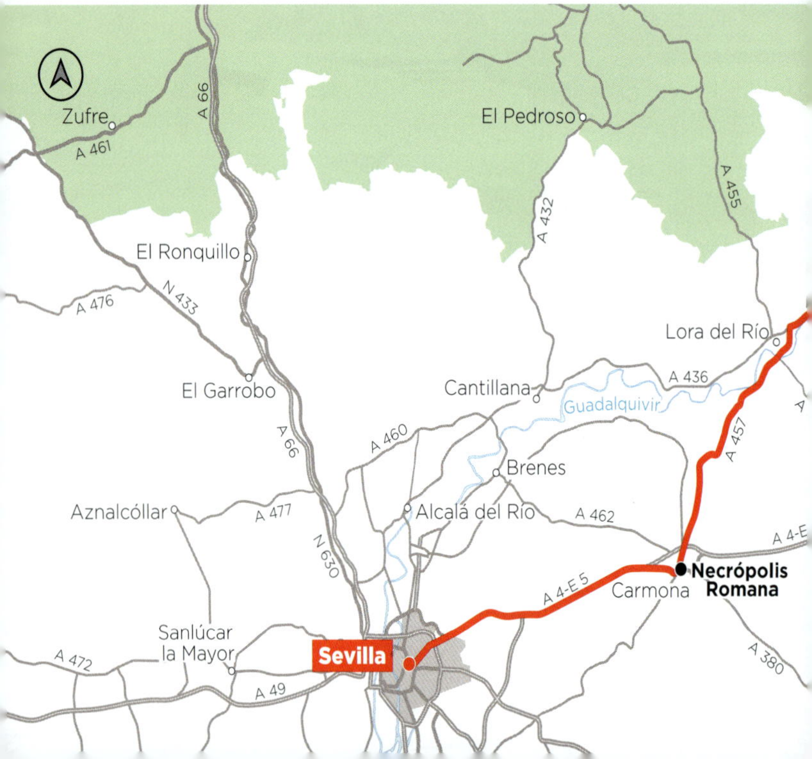

TOUR 1

LA VIUDA

Almodovar del Río

- Blumengeschmückter Innenhof, Konzerte am Donnerstag.
- *Flamenquín* (panierte Fleischrolle), *lasaña de morcilla* (Blutwurstlasagne).

C. V. Aleixandre 4 | Di–So 10–16, 20–24 Uhr

MEDINA AZAHARA

Carretera de Palma del Río | Mo geschl. | Eintritt frei für EU-Bürger

Die **Palaststadt** wurde im 10. Jh. gegründet und erstreckt sich terrassenförmig über den Berghang. Überreste des prächtigen Palastes, der Wohnhäuser, der Stadtmauern und der Moschee.

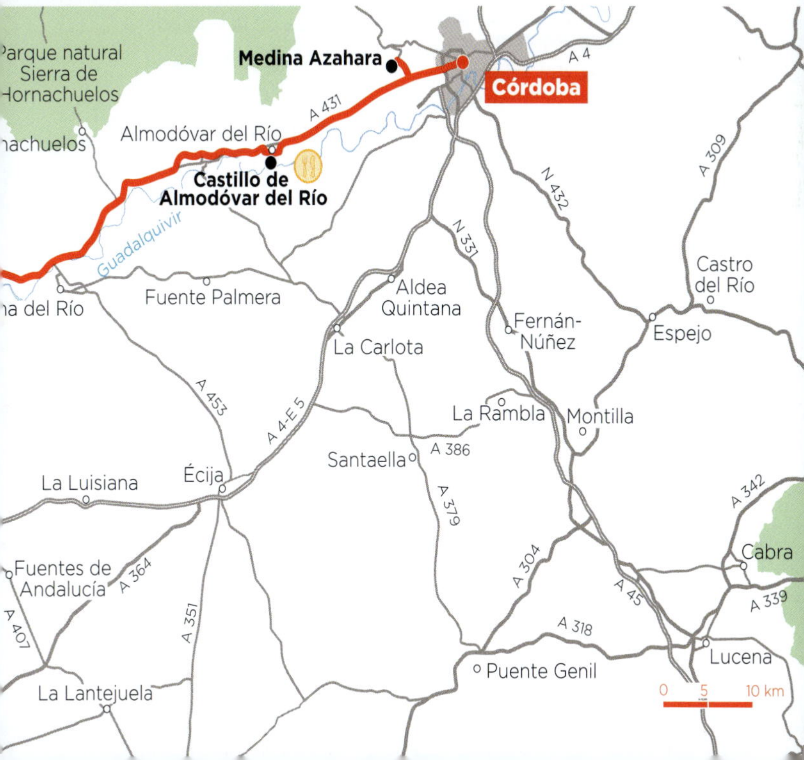

ETAPPE 4 CÓRDOBA

Córdoba, eine geschmackvolle Mischung aus arabischer, jüdischer und spanischer Kultur, verzaubert mit mittelalterlichen Gassen und blumengeschmückten Innenhöfen. Am Ufer des Guadalquivir steht die majestätische Mezquita-Catedral.

- **Benutzen Sie öffentliche Verkehrsmittel. Parkplätze sind gebührenpflichtig.**
- **Anfang Mai öffnen die Einwohner ihre Türen anlässlich des Festivals der Patios. Im Stadtteil San Basilio kann man auch der »Ruta por los Patios de Córdoba: Alcázar Viejo« folgen. Infos und Ticket: www.depatios.com**
- **Touristeninfo: Pl. del Triunfo, www.turismodecordoba.org**

SEHENSWERTES

- A Mezquita-Catedral
- B Torre de la Calahorra
- C Alcázar de los Reyes Cristianos
- D Capilla de San Bartolomé
- E Plaza de la Corredera
- F Palacio de Viana
- G Barrio de la Judería
- H Mercado Victoria

MITTAGSPAUSE

1. Taberna El Abanico
2. Bar Moriles
3. La Bicicleta
4. La Lola
5. Canadian Bar and Tapas
6. Casa El Pisto

RESTAURANTS

7. La Fragua
8. Cocina 33
9. Taberna La Montillana
10. Marídame
11. Taberna Salinas

AUSGEHEN

12. Tablao del Cardenal
13. El Barón
14. Taberna La Fuenseca
15. Café Málaga Live Music
16. Caballerizas Reales

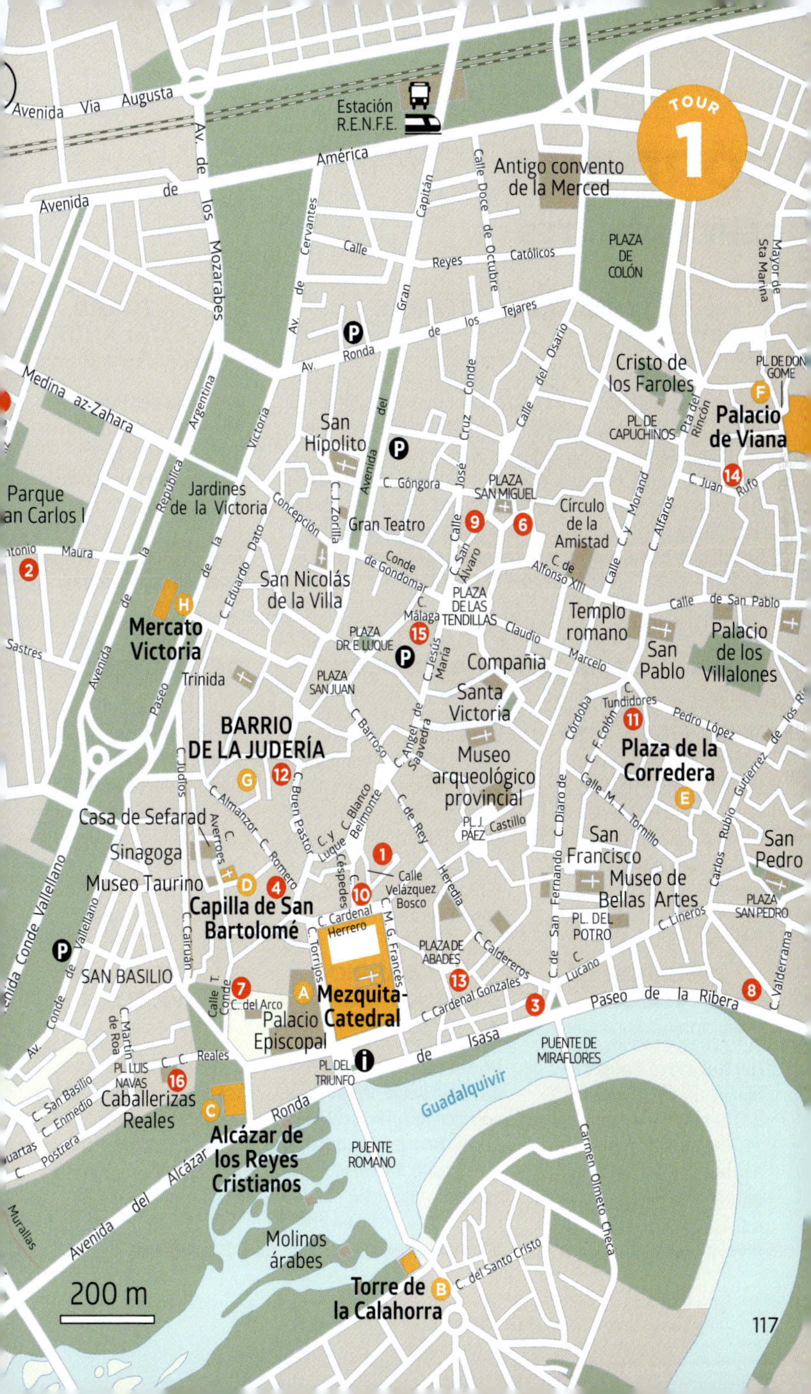
TOUR 1
Estación R.E.N.F.E.
Avenida Via Augusta
Avenida de América
Av. de los Mozarabes
Antigo convento de la Merced
PLAZA DE COLÓN
Mayor de Sta Marina
Calle Reyes Católicos
Calle Doce de Octubre
Av. de Cervantes
Gran Capitán
Av. Ronda de los Tejares
Calle del Osario
Cristo de los Faroles
PL. DE DON GOME
Palacio de Viana
PL. DE CAPUCHINOS
Pta del Rincón
C. Juan Rufo
Medina az-Zahara
Argentina
Victoria
San Hipolito
Avenida del
Conde Cruz
José
C. Góngora
PLAZA SAN MIGUEL
Círculo de la Amistad
Parque an Carlos I
Jardines de la Victoria
República
Concepción
C. J. Zorilla
Gran Teatro
Calle San Alvaro
C. de Alfonso XIII
Calle C. y Morand
C. Alfaros
Maura
Conde de Gondomar
PLAZA DE LAS TENDILLAS
Calle de San Pablo
San Nicolás de la Villa
C. Eduardo Dato
C. Málaga
Claudio Marcelo
Templo romano
San Pablo
Palacio de los Villalones
Mercato Victoria
PLAZA DR. E. LUQUE
Jesús María
Compañia
Sastres
Avenida de la Paseo
Trinida
PLAZA SAN JUAN
Santa Victoria
C. Tundidores
Córdoba
C. F. Colón
Pedro López
Gutierrez de los Ríos
BARRIO DE LA JUDERÍA
C. Barroso
C. Angel de Saavedra
Museo arqueológico provincial
Plaza de la Corredera
C. Judíos
C. Almanzor
C. Buen Pastor
C. Blanco Belmonte
C. de Rey
Calle M. L. Tornillo
Casa de Sefarad
Averroes
C. y Luque
PL. J. PÁEZ
Castillo
C. Diaro de Córdoba
San Francisco
Rubio
Carlos
San Pedro
Sinagoga
C. Romero
Céspedes
Calle Velázquez Bosco
Heredia
Museo de Bellas Artes
Museo Taurino
Conde Vallellano
Capilla de San Bartolomé
C. Cardenal Herrero
C. M. G. Francés
C. de San Fernando
PL. DEL POTRO
C. Lineros
PLAZA SAN PEDRO
C. Valderrama
C. Caruán
C. Torrijos
PLAZA DE ABADES
C. Calderereros
C. Lucano
SAN BASILIO
Calle T. Conde
C. del Arco
Mezquita-Catedral
C. Cardenal Gonzales
Paseo de la Ribera
Av. Conde de Vallellano
C. Martín de Roa
Palacio Episcopal
de Isasa
PUENTE DE MIRAFLORES
PL. LUIS NAVAS
C. Reales
PL. DEL TRIUNFO
C. San Basilio
C. Enmedio
C. Postrera
Caballerizas Reales
Ronda
Guadalquivir
Alcázar de los Reyes Cristianos
PUENTE ROMANO
Carmen Olmeto Checa
Avenida del Alcázar
Murallas
Molinos árabes
C. del Santo Cristo
200 m
Torre de la Calahorra

CÓRDOBA

SEHENSWERTES

A MEZQUITA-CATEDRAL

Calle Cardenal Herrero 1 | Eintritt (frei Mo–Sa 8.30–9.30 Uhr)

Im Jahr 785 ließ Abd ar-Rahman I. auf den Grundmauern einer alten Kirche eine Moschee errichten. Während der Reconquista bauten die Katholiken eine Kathedrale in der Moschee! Diese Verschachtelung hat dem Bauwerk den Namen Kathedralmoschee eingebracht. Die große Halle, auch »Wald der tausend Säulen« genannt, ist grandios. Sehenswert sind auch die reich verzierte Kapelle aus dem 16.–18. Jh. und der Orangenhof. *(Bild)*

B TORRE DE LA CALAHORRA

Puente Romano | Eintritt

Am Ende der Puente Romano steht der Torre de la Calahorra, der älteste **Verteidigungsturm** der Stadt, mit dem Museo Vivo Al-Andalus über die mittelalterliche Geschichte Córdobas.

C ALCÁZAR DE LOS REYES CRISTIANOS

C. Caballerizas Reales | Eintritt

Ehemalige Residenz der Kalifen und der Katholischen Könige, dann Gefängnis. Die **Festung** ist heute ein Geschichtsmuseum. Nicht die Gärten und die arabischen Bäder versäumen!

D CAPILLA DE SAN BARTOLOMÉ

Calle Averroes | Eintritt

Bezaubernde **Kapelle** im Mudejar-Stil, die mit einer Vielzahl von bunten Azulejos geschmückt ist. Um zur Capilla zu gelangen, müssen Sie sich in die Philosophische Fakultät von Córdoba begeben.

E PLAZA DE LA CORREDERA

Einziger rechteckiger **Platz** in Andalusien. Auf der Corredera, die von Backsteingebäuden umgeben ist, fanden Märkte, Feste und Stierkämpfe statt! Ein guter Ort für eine Pause.

F PALACIO DE VIANA

Plaza de Don Gome 2 | Eintritt

Der luxuriöse **Palast** bietet einen Einblick in das Leben des Adels vom 15.–20. Jh. Das Sahnehäubchen sind die zwölf Innenhöfe! Daher auch der Spitzname »Patio-Museum«.

G BARRIO DE LA JUDERÍA

Wie schön es ist, durch das **jüdische Viertel** von Córdoba, zu schlendern! Um mehr über die Kultur und die Geschichte zu erfahren, besuchen Sie die Casa de Sefarad und die Synagoge.

H MERCADO VICTORIA

Paseo de la Victoria | tgl. 10–24 Uhr

Auf dem **Markt**, der in einer alten Halle untergebracht ist, werden die besten Produkte aus der Region angeboten. Probieren Sie vor Ort cordobesische und andalusische Gerichte.

 Die jeweiligen Öffnungszeiten finden Sie im Register ab S. 178.

CIRCUIT
1

CÓRDOBA

MITTAGSPAUSE

1 TABERNA EL ABANICO

• Traditionelle Rezepte mit einem innovativen Touch.
• *Croquetas, salmorejo* (Suppe), Auberginen mit Honig.
Calle Velázquez Bosco 7 | tgl. 12–16.30, 20–23.30 Uhr

2 BAR MORILES

»Authentische Bar, in der man Gourmet-Tapas und typische Gerichte genießen kann. Mein Favorit: Kabeljau mit Orangen!«
Calle Antonio Maura 21 | tgl. 7–3 Uhr

3 LA BICICLETA

• Vielfalt an *tostadas*, die mit gesunden Zutaten belegt sind.
• Hausgemachte Kuchen, Joghurts und Säfte.
Calle Cardenal Gonzalez 1 | tgl. 12–1 Uhr

4 LA LOLA

• Salate, Wraps und Burger, die aus frischen Zutaten hergestellt werden. Probieren Sie den Burger *tortillas de patata*.
• Wunderbare hausgemachte Marmeladen.
Calle Romero 3 | Mo–Sa 9–17 Uhr

5 CANADIAN BAR AND TAPAS

• Tapas in Hülle und Fülle: u.a. *patatas bravas*, Riesenmuscheln, Kroketten, *salmorejo* (Suppe).
• Die Portionen sind großzügig bemessen.
Calle Albéniz 6 | Di–So 7–24 Uhr

6 CASA EL PISTO

»Ich mag diese typische Taverne, deren Wände mit Azulejos und alten Fotos geschmückt sind. Die Tapas sind ausgezeichnet!«
Plaza de San Miguel 1 | Mo–Sa 12–16, 20–24 Uhr | (Bild unten)

CÓRDOBA

TOUR 1

RESTAURANTS

7 LA FRAGUA

- In einem Haus, das mehr als fünf Jahrhunderte alt ist.
- Ein Leckerbissen: Thunfisch-Tataki und *rabo de toro* (Ochsenschwanz).

Calleja del Arco 2 | tgl. 13–16, 20.30–0.30 Uhr

8 COCINA 33

- Am Ufer des Guadalquivir gelegen.
- Thailändische, mexikanische und amerikanische Küche.

Paseo de la Ribera 24 | Di–Sa 14–16.30, 21–23.30, So 14–16 Uhr

9 TABERNA LA MONTILLANA

- Cordobesische Tradition vermischt mit Kreativität.
- Fisch, Fleisch, Salate und Tapas wie etwa *berenjenas fritas con miel* (frittierte Auberginen mit Honig).

Calle San Álvaro 5 | So–Do 13–17, 19–23.30, Fr, Sa 13–24 Uhr

10 MARÍDAME

- Herrlicher Blick von der Terrasse auf die Mezquita.
- Gute Weine. Probieren Sie *lágrimas de cerdo y patatas* (Schweinefleisch).

Calle Céspedes 5 | tgl. 12–16, 19.30–23.30, Sa, So 12–17, 19.30–24 Uhr

11 TABERNA SALINAS

- Gute Weine aus der Provinz Córdoba.
- *Morcilla* (Blutwurst), Schweinefüße, Ochsenschwanz, Kabeljau.

Calle Tundidores 3 | Di–Sa 12.30–16, 20–23.30, So 12.30–16 Uhr

CÓRDOBA

AUSGEHEN

12 TABLAO DEL CARDENAL

- In einem herrschaftlichen Haus aus dem 18. Jh.
- Tanz, Gesang und Gitarre: bewegende Flamenco-Shows.

Calle Buen Pastor 2 | Mi–Do 20.15, Fr, Sa 21 Uhr

13 EL BARÓN

- Konzerte und Gedichtdeklamationen.
- Schöne schattige Terrasse und Bibliothek.
- Traditionelle Gerichte und Hausgemachtes.

Plaza de Abades 4 | tgl. 12.30–24 Uhr

14 TABERNA LA FUENSECA

- Die berühmteste Taverne in Córdoba!
- Ausstellungen, Poesie und Flamenco in familiärer Atmosphäre.

Calle Juan Rufo 20 | Mo–Fr 11–15, 19–23, Sa 11–15 Uhr

15 CAFÉ MÁLAGA LIVE MUSIC

- Nur wenige Schritte von der Plaza de las Tendillas entfernt. Jazz, Flamenco und Theater.
- Beliebte Location.

Calle Málaga 3 | tgl. 16–1, Mi, Do bis 3, Fr, Sa bis 4, So ab 14 Uhr

16 CABALLERIZAS REALES

- Historische Pferdeställe, die Philipp II. 1570 errichten ließ.
- Anmutige Darbietungen. (Bild oben)

Calle Caballerizas Reales 1 | www.caballerizasreales.com | Di–Sa 10–13.30, 17–20 Uhr

VON CÓRDOBA NACH GRANADA

MÖGLICHE VARIANTE: von Córdoba über Úbeda nach Granada, siehe S. 126–131

- Lust auf ein bisschen mehr Abenteuer in Andalusien? Wir schlagen Ihnen vor, über Úbeda, Baeza und Jaén nach Granada zu fahren. Diese Dörfer der spanischen Renaissance inmitten von Olivenhainen gehören zum UNESCO-Weltkulturerbe.
- Planen Sie für diese Verlängerung 1–2 Tage ein, wobei Sie in Úbeda übernachten.

- **Strecke: 190 km (3 Std. reine Fahrzeit)**
- **2.45–3.10 Std. mit dem Bus oder Zug**
- **Es gibt Busse zu den Städten entlang der Strecke**
- **Mehr über Granada ab Seite 132**

MUSEO DEL OLIVAR Y EL ACEITE

Baena | Mi–So | Eintritt

In einer alten Mühle erzählt das **Museum** alles über das Symbol für die Landwirtschaft der Region: die **Olive**. Man erfährt in dieser Pause alles vom Anbau bis zum fertigen Öl.

ZUHEROS

Halten Sie in diesem weißen Dorf an. Von der Burg auf einem Hügel kann man das Panorama genießen. Die Höhlen von Zuheros sind wegen ihrer prähistorischen Malereien sehenswert.

FORTALEZA DE LA MOTA

Alcalá la Real | Eintritt

An der ehemaligen Grenze zwischen den Königreichen Granada und Kastilien steht auf einem Hügel diese **Festung**. Hinter den Mauern: Kirche und Ruinen, Moschee und Burg. *(Bild)*

EL RINCÓN DE PEPE

Alcalá La Real

»Besonders gastliches, unprätentiöses Restaurant. Die Tapas sind sehr schmackhaft, und das Thunfischfilet ist exquisit!«

Calle Fernando el Católico 17 | Do–Di 13–16, 20–24 Uhr

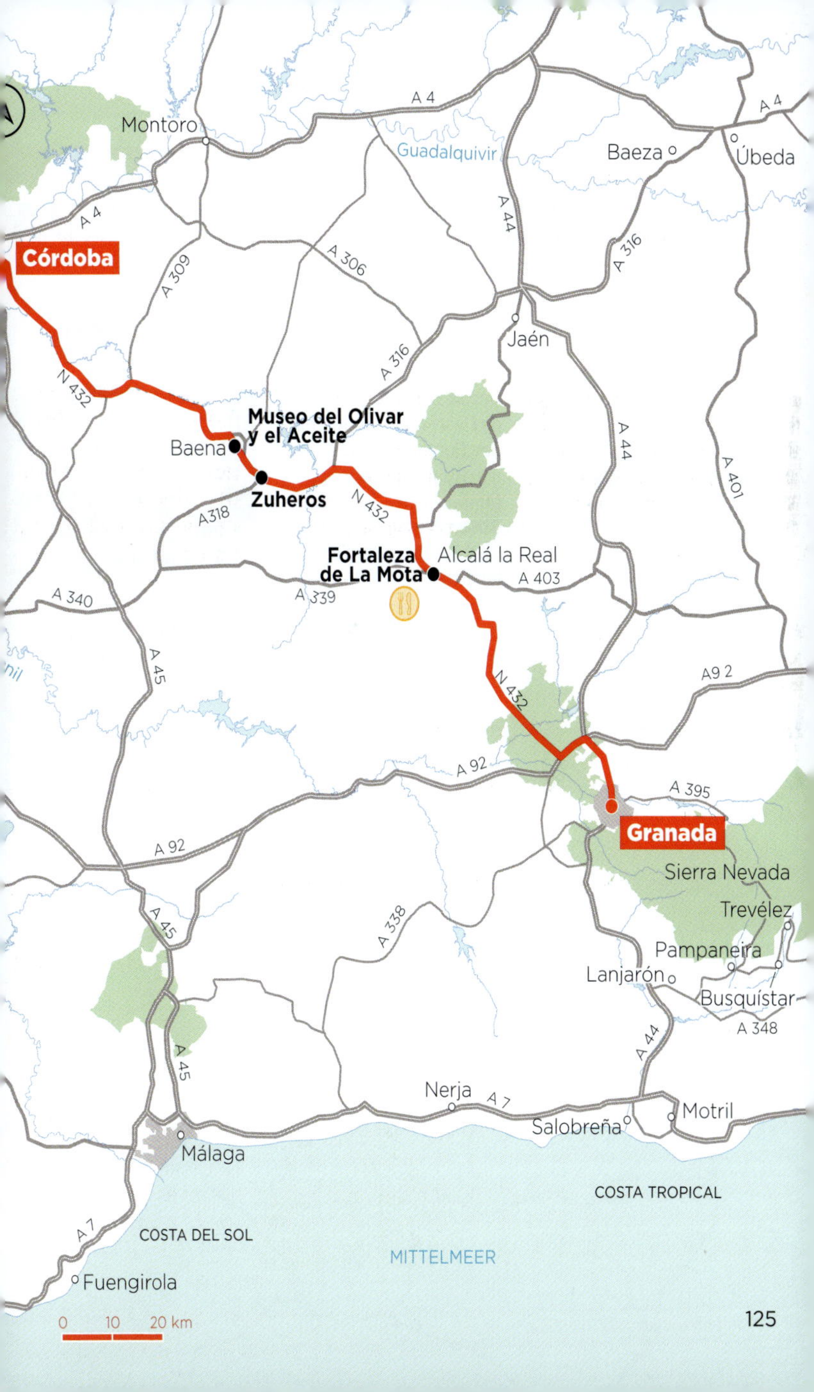
Montoro
A 4
Guadalquivir
Baeza
Úbeda
Córdoba
A 309
A 306
A 44
A 316
Jaén
N 432
Museo del Olivar
y el Aceite
Baena
Zuheros
A318
A 401
Fortaleza
de La Mota
Alcalá la Real
A 403
A 340
A 339
A 45
A9 2
A 92
A 395
Granada
Sierra Nevada
Trevélez
A 338
Pampaneira
Lanjarón
Busquístar
A 348
Nerja
A 7
Motril
Salobreña
Málaga
COSTA TROPICAL
COSTA DEL SOL
MITTELMEER
Fuengirola
0
10
20 km

MÁLAGA RONDA SEVILLA **CÓRDOBA** **ÚBEDA** GRANADA MÁLAGA

VARIANTE VON CÓRDOBA: ÚBEDA

VON CÓRDOBA NACH ÚBEDA

- **Strecke: 150 km (2 Std. reine Fahrzeit)**
- **ca. 3 Std. mit dem Bus oder Zug**
- **Busse fahren nach Montoro und Baeza**

MONTORO

Der Spaziergang durch das Dorf führt zur Kirche San Bartolomé und zu den Ruinen der Burg La Mota. Machen Sie einen Abstecher zur Casa de las Conchas, einem mit Muscheln verzierten Haus!

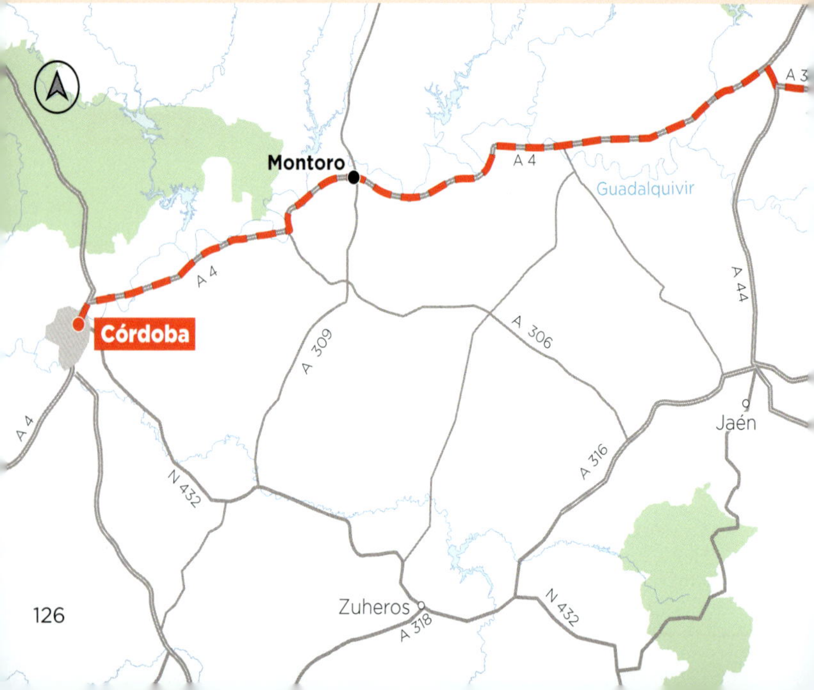

TOUR 1

BAEZA

Auf dem Renaissanceweg zwischen Cordoba und Granada

Ausgangspunkt ist die **Plaza del Populo**, wo die Baudenkmäler von der reichen Vergangenheit der Stadt zeugen. Im 16. Jh. wurden u.a. der Brunnen und die Casa del Populo errichtet. Weiter geht es zur **Kathedrale**. Der maurische, gotische und Renaissancestil sind das Ergebnis zahlreicher Veränderungen. Den Abschluss bildet der **Palacio de Jabalquinto**, der mit seinem monumentalen Tor, dem Innenhof und der Treppe beeindruckt. *(Bild)*

LA BARBERIA

Baeza

- Schmackhaftes geschmortes Fleisch.
- Internationale Biere und Weine aus der Region.

Calle Conde Romanones 11 | Mi–Fr 13–16, 20.30–2, Fr bis 3, Sa 13–3, So 13–2 Uhr

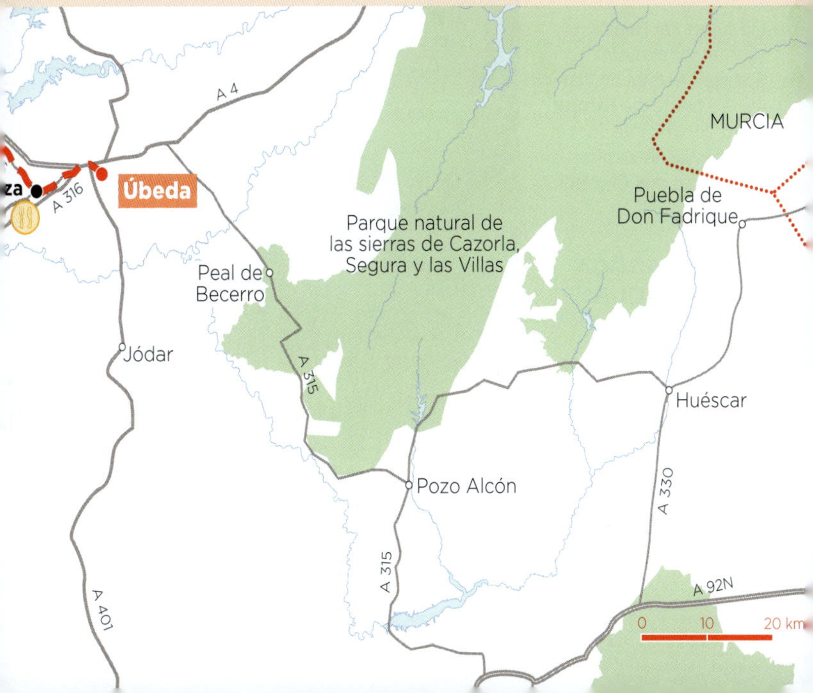

VARIANTE VON CÓRDOBA: ÚBEDA

ÚBEDA

- **Ist in der Hauptstadt der andalusischen Renaissance die Zeit stehen geblieben? Man möchte es gern glauben, so gut sind die Bauwerke erhalten. Nach einem Spaziergang durch das Zentrum verwöhnt ein gutes Gericht, das mit einem lokalen Olivenöl zubereitet wird, den Gaumen!**
- **Parkplätze in der Nähe des historischen Zentrums**
- **Touristeninformation: Plaza Andalucía 5, www.turismodeubeda.com**

A PLAZA DE VÁZQUEZ DE MOLINA

Nicht verpassen in Úbeda! Neben dem **Platz** stehen die Sacra Capilla del Salvador und der Palacio Vázquez de Molina. Beides sollte man besichtigen. Prächtige Renaissancegebäude!

B SACRA CAPILLA DEL SALVADOR

Pl. Vázquez de Molina | Eintritt frei

Ein Juwel der Renaissancearchitektur in Spanien! Andrés de Vandelvira baute die **Kirche** im 16. Jh. Und was für ein Wunder sie ist! Großartige Skulpturen und Gemälde. (Bild)

C SINAGOGA DEL AGUA

Calle Roque Rojas 2 | Eintritt

Von der Mikwe (rituelles Bad) bis zum Haus des Rabbiners enthüllt die Synagoge ihre Geheimnisse. Die Bäder, Keller und Öfen geben einen Einblick in die Rituale und Gebräuche des 15. Jhs.

 Die jeweiligen Öffnungszeiten finden Sie im Register ab S. 178.

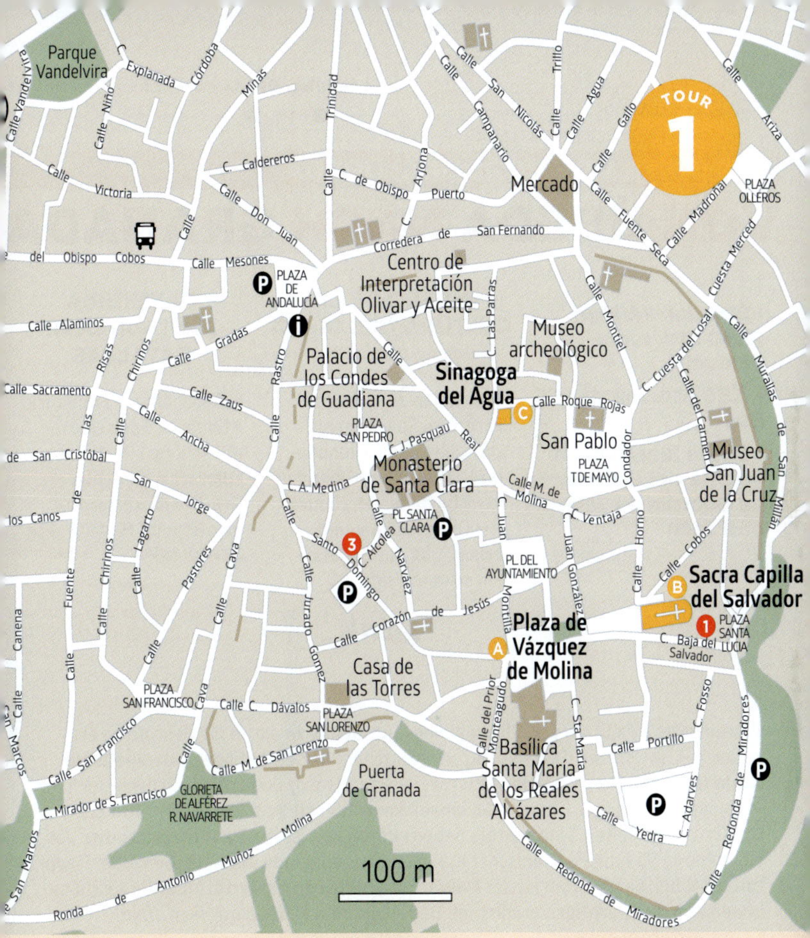

❶ LLÁMAME LOLA

»Zarte Aromen beleben die Geschmacksknospen. Der gegrillte Oktopus ist zum Niederknien!«

Calle Baja del Salvador 5 | tgl. 10.30–16.15, 19–24 Uhr

❷ ASADOR AL-ANDALUS

- Gute traditionelle Küche zu kleinen Preisen. Probieren Sie das Carpaccio vom *atún rojo* (Roter Thun).
- Elegante Einrichtung.

Calle de los Canos 28 | Di–So 13.30–16, Mi–Sa auch 20–24 Uhr

❸ CAFÉ PUB LA BELTRANEJA

- In einem Palast aus dem 16. Jh., geschmackvolle Einrichtung.
- Gute Atmosphäre, Shishas und Konzerte am Wochenende.

Calle Alcolea 6 | So–Do 16–3, Fr, Sa bis 4 Uhr

VARIANTE VON CÓRDOBA: ÚBEDA

VON ÚBEDA NACH GRANADA

- **Strecke: 240 km (2.50 Std. reine Fahrzeit)**
- **2.50 Std. mit dem Bus**
- **Busse fahren nach Puente del Obispo, La Guardia de Jaén und Jaén**

MUSEO DE LA CULTURA DEL OLIVO

Puente del Obispo | Eintritt

Olivenöl in all seinen Facetten! Spaziergang zwischen den Olivenbäumen, Ausstellung über die verschiedenen Methoden der Ölherstellung und Erkundung des Kellers. Ein schöner Halt!.

CAFETERÍA RESTAURANTE BATALLAS

- Reichhaltiges Frühstück.
- Einfache Speisekarte mit schönen Portionen spanischer Gerichte.

Calle Cruz Roja Española 4, Jaén | Mo–Fr 7.30–19, Sa 8.30–18 Uhr

JAÉN

Wie eine Oase inmitten von Olivenhainen lädt Jaén dazu ein, in die Geschichte einzutauchen. Im Herzen des ehemaligen arabischen Viertels befindet sich die **Kathedrale** (Eintritt). Sie ist ein Meisterwerk der Renaissance und soll das Schweißtuch der Veronika beherbergen. Steigt man hinauf, kann man die Aussicht auf die Stadt und die Landschaft genießen. Eine weitere Sehenswürdigkeit ist das **Provinzmuseum**, das eine schöne Sammlung spanischer Kunst und Gegenstände ausstellt: Gemälde, Skulpturen, Möbel. Letzter Halt ist der **Palast von Villardompardo**! Im Untergeschoss lassen sich die prächtigen arabischen Bäder aus dem 11. Jh. entdecken. *(Bild)*

CASTILLO DE LA GUARDIA DE JAÉN

Calle Zumbajarros | Eintritt frei

Auf ihrem Felsen macht die **Burg** eine gute Figur. Sie besteht aus einem Alcázar und einer Alcazaba! Der arabische Stil mischt sich mit dem spanischen Stil aus der Zeit nach der Reconquista.

 Die jeweiligen Öffnungszeiten finden Sie im Register ab S. 178.

TOUR 1
Úbeda
Baeza
Puente del Obispo
Museo de la Cultura del Olivo
Jaén
Castillo de la Guardia de Jaén
Granada
Guadalquivir
Peal de Becerro
Jódar
Pozo Alcón
Purullena
Guadix
Parque nacional de la Sierra Nevada
Trevélez
Pampaneira
Lanjarón
Busquístar
Nerja
Salobreña
Motril
Adra
COSTA TROPICAL
MITTELMEER
A 4
A 44
A 306
A 316
A 315
A 401
N 432
A 339
A 403
A 92
A 92N
A 395
A 337
A 338
A 348
A 7
0 10 20 km

ETAPPE 5 GRANADA

SEHENSWERTES

Wir haben Granada in drei Viertel aufgeteilt:

1. Alhambra
2. Zentrum
3. Albaicín und Sacromonte

Rechnen Sie mit 20 Min. zu Fuß von der Kathedrale bis zur Alhambra.

INFOS & ADRESSEN

- **Touristeninfo von Andalusien**: Calle Santa Ana 4, www.andalucia.org
- **Touristeninfo von Granada**: Calle Cárcel Baja 3, Pl. del Carmen (im Rathaus, *ayuntamiento*)

RESERVIERUNGEN

- Buchen Sie die **Eintrittskarten für die Alhambra** mehrere Wochen im Voraus online, um auch sicher hineinzukommen. Siehe nächste Seite.
- **Granada Card (div. Tarife)**: Kostenloser Eintritt zu Sehenswürdigkeiten (die Alhambra ist je Tarif inbegriffen, siehe nächste Seite), kostenlose Busfahrten. www.granadatur.com/granada-card

UNTERWEGS IN GRANADA

- Zwischen 7 und 22 Uhr besteht ein Fahrverbot für Privatautos. Parken in Parkhäusern ist recht teuer. Besichtigen Sie die Stadt zu Fuß.
- Stadtführungen sind möglich mit Granavision (www.granavision.com).
- Touristische Zugfahrt mit Granada City Tour (granada.city-tour.com).

GRANADA 1 ALHAMBRA

Die Alhambra beherrscht von einem Höhenzug aus die Stadt. Die Paläste und Gärten, die den Geschichten aus *Tausendundeiner Nacht* würdig sind, sind ein unvergessliches Erlebnis.

- **Rund 7000 Besucher tgl., daher ist eine Reservierung mehrere Wochen im Voraus erforderlich: www.alhambra.org. Je nach Tarif schließt die Granada Card den Eintritt in die Alhambra ein (Besuchstag beim Kauf des Passes wählbar, www.granadatur.com/granadacard). Schließlich sind einige Eintrittskarten am selben Tag erhältlich (auf der Website, an den Ticketschaltern, in einer Touristeninformation oder im Hotel).**
- **Bei der Buchung muss ein Zeitfenster für die Nasridenpaläste (palacios nazaríes) gewählt werden, das unbedingt einzuhalten ist; Sie können die anderen Sehenswürdigkeiten nach Belieben vorher/nachher besichtigen (durchschnittlich 3 Std. Besuchszeit).**
- **Wenn Sie Ihr Ticket nicht ausgedruckt haben, holen Sie es rechtzeitig vor Ihrem Zeitfenster an den dafür vorgesehenen Terminals rechts neben dem Haupteingang ab (benutzte Kreditkarte und Ausweisdokument bereithalten). Mit einem ausgedruckten Ticket gehen Sie direkt durch die Puerta de la Justicia hinein.**
- **Freier Eintritt: Palacio de Carlos V und seine Museen.**

Dieser Komplex aus Palästen, Höfen und Gärten war der Sitz der nasridischen Machthaber und später der spanischen Könige. Die Alhambra erstreckt sich über 140 000 m². Zu den bemerkenswerten Sehenswürdigkeiten innerhalb der Anlage gehören die Nasridenpaläste, die Alcazaba, der Palast Karls V. und der Generalife.

SEHENSWERTES

- A Palacio de Carlos V
- B Alcazaba
- C Palacios nazaríes und Patio de los Leones
- D Jardines del Partal
- E Jardines del Generalife

ADRESSEN

1. Negro Carbón
2. Bar Ras
3. El Molino
4. La Taberna de Kafka
5. Colagallo Craft Beers & Cocktails

TOUR 1
PLAZA ALGIBE ALMES
PLAZA ALGIBE TRILLO
C. Guinea
Calle S. Augustin
C. Venezuela
San Gregorio
San Juan de los Reyes
C. de Zarfa
Calle de Gloria
Calle H. del Oro
Chapiz
Casa de Zafra
Casa de Castril
Palacio de los Córdova
Palacio de los Olvidados
El Bañuelo
Calle del Darro
P. del Padre Manjón
Darro
Carrera
Puente Cabrera
San Pedro y Pablo
Santa Ana
ALHAMBRA
Jardines del Generalife
Palacios nazaríes
Patio de los Leones
Alcazaba
PLAZA DE LOS ALJIBES
Alhambra
Palacio de Carlos V
Jardines del Partal
de Gomerez
Puerta de las Granadas
Puerta de la Justicia
Pilar de Carlos Quinto
Eingang
Cuesta del Rey Chico
PL. TORRES BERMEJAS
Callejón
Fundación Rodríguez-Acosta
Calle Niño del Royo
Carmen de los Mártires
Jardines del Carmen de los Martires
Calle Alamillos
Peña Partida
Cta. del Realejo
Calle P. Alto
Casa-museo Manuel de Falla
Haupteingang, Eintrittskarten
San Cecilio
CAMPO DEL PRÍNCIPE
Cuesta del Caldero
Calle de Santiago
Calle Huete
Calle Belén
Molinos
100 m

GRANADA SEHENSWERTES

1 ALHAMBRA

A PALACIO DE CARLOS V

Der **Palast** sollte die königliche Residenz werden. Aufgrund fehlender Mittel wurde er aufgegeben. Das Alhambra-Museum und das Museum der Schönen Künste wurden dort untergebracht.

B ALCAZABA

Der älteste Teil der Alhambra. Von dieser **Festung** aus wurden die Feinde beobachtet und die Stadt beschützt. Stadtmauern, Türme und der Jardín de los Adarves sind sehenswert.

C PALACIOS NAZARÍES UND PATIO DE LOS LEONES

Das architektonische Ensemble der **Nasridenpaläste** (13.–14. Jh.) ist umwerfend, ein Höhepunkt an Finesse und Eleganz. Wohnort der Sultane und Machtzentrum (Palacio de Comares), Paläste, Innenhöfe und Räume verflechten sich in einer Harmonie von Ornamenten, Arabesken, Azulejos und Kolonnaden. Der **Löwenhof**, berühmt für seinen Brunnen mit den zwölf Löwen, ist ein Highlight des Besuchs. *(Bild oben)*

D JARDINES DEL PARTAL

Von den Nasridenpalästen aus gehen Sie die Terrassen der Partal-Gärten hinunter. Sie führen bis zum Torre de las Damas. Brunnen, Teiche und Vegetation sind ein Kunstwerk für sich. *(Bild unten)*

E JARDINES DEL GENERALIFE

Als Sommerresidenz der Könige lädt der Generalife zu einer Pause in seinen wunderschönen Gärten ein. Dieses kleine Paradies ist von zahlreichen Kanälen durchzogen.

 Die jeweiligen Öffnungszeiten finden Sie im Register ab S. 178.

GRANADA ADRESSEN

TOUR 1

1 ALHAMBRA

1 NEGRO CARBÓN

• Berühmt für seine Gerichte mit geschmortem Fleisch.
• Außerdem: Thunfisch-Carpaccio, Lachs-Tataki und gegrilltes Gemüse.
Puente Cabrera 9 | tgl. 13–17, 20–24 Uhr

2 BAR RAS

»Nette Tapas-Bar mit Schinken, die von der Decke hängen, andalusischer Keramik und freiliegenden Holzbalken. Spezialität: Tortilla!«
Carrera del Darro 6 | Mi–So 10–16, 18–23.45, Mo 10–16 Uhr

3 EL MOLINO

• Ein Getränk, eine Tapa gratis! *Croquetas* und *serrano* (Schinken).
• Wände mit alten Fotos und Azulejos.
Calle Molinos 8 | Di–So 12–16.30, 19–1 Uhr

4 LA TABERNA DE KAFKA

• Weinbar, jeden Donnerstag Verkostung.
• Raffinierte Tapas, ideal für den kleinen Hunger zwischendurch, und *guisos* (Eintopf).
Calle Huete 2 | Di–Sa 13–16, 20.30–2 Uhr

5 COLAGALLO CRAFT BEERS & COCKTAILS

• Für Liebhaber von handwerklich gebrauten Bieren: über 200 Sorten!
• Konzerte und Jamsessions.
Calle Molinos 28 | Mi–Do 13–1, Fr, Sa 13–2 Uhr

GRANADA 2 ZENTRUM

Hier offenbart sich die historische Stadt. Gehen Sie durch die Gassen, die von maurischen Palästen und Barockkirchen gesäumt sind. An den historischen Denkmälern und Tapas-Bars vorbei kommen Sie zu hübschen, blumengeschmückten Plätzen.

SEHENSWERTES

- A Catedral
- B Capilla Real
- C Palacio de la Madraza
- D Plaza Bib-Rambla
- E Alcaicería
- F Basílica de San Juan de Dios

ADRESSEN

1. Los Diamantes
2. Bar La Riviera
3. La Milagrosa Irreverente
4. El Mercader
5. Entrebrasas
6. El Bar de Fede
7. Sibarius
8. La Gintonería Centro

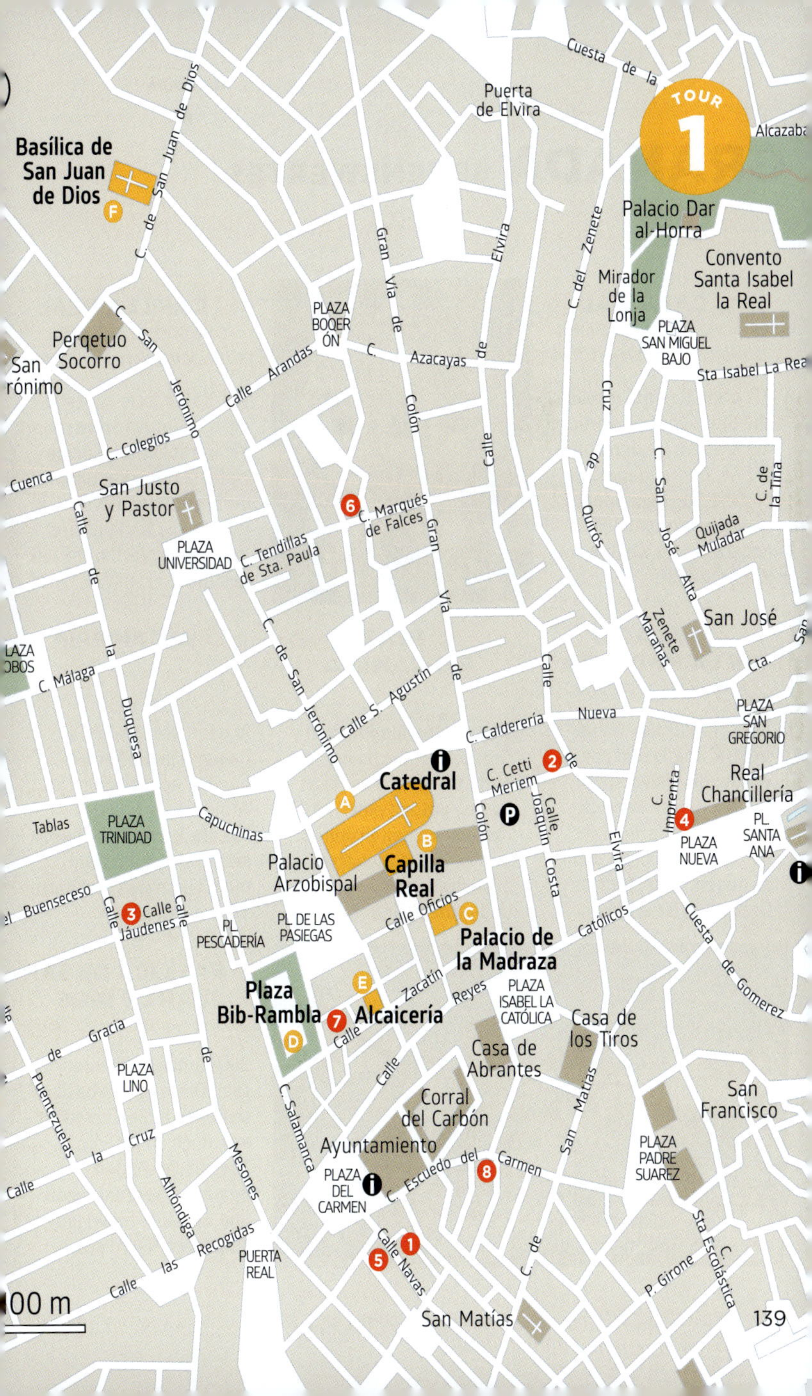
TOUR 1
Basílica de San Juan de Dios
Puerta de Elvira
Cuesta de la
Alcazaba
Palacio Dar al-Horra
Convento Santa Isabel la Real
Mirador de la Lonja
PLAZA SAN MIGUEL BAJO
Sta Isabel La Real
PLAZA BOQUERÓN
C. Azacayas
Gran Vía de Colón
Calle Elvira
C. del Zenete
Perqetuo Socorro
San Jerónimo
C. San Jerónimo
Calle Arandas
C. Colegios
Cuenca
San Justo y Pastor
PLAZA UNIVERSIDAD
C. Tendillas de Sta. Paula
C. Marqués de Falces
Cruz de Quirós
C. San José Alta
Quijada Muladar
C. de la Tiña
San José
Zenete Marañas
Cta.
PLAZA SAN GREGORIO
Calle de la Duquesa
C. Málaga
C. de San Jerónimo
Calle S. Agustín
Calle Nueva
C. Calderería
Catedral
C. Cetti Meriem
Calle Joaquín Costa
Real Chancillería
C. Imprenta
PLAZA NUEVA
PL. SANTA ANA
Tablas
PLAZA TRINIDAD
Capuchinas
Palacio Arzobispal
Capilla Real
Calle Oficios
Palacio de la Madraza
Católicos
Cuesta de Gomerez
Buenseceso
Calle Jáudenes
PL. PESCADERÍA
PL. DE LAS PASIEGAS
Plaza Bib-Rambla
Alcaicería
Zacatín
Reyes
PLAZA ISABEL LA CATÓLICA
Casa de los Tiros
Casa de Abrantes
Calle de Gracia
PLAZA LINO
Calle de la Cruz
Puentezuelas
Mesones
C. Salamanca
Corral del Carbón
Ayuntamiento
San Matías
San Francisco
PLAZA PADRE SUAREZ
PLAZA DEL CARMEN
C. Escuedo del Carmen
C. de San Matías
Calle Navas
Alhóndiga
Calle las Recogidas
PUERTA REAL
P. Girone
C. Sta Escolástica
San Matías
00 m

GRANADA SEHENSWERTES

2 ZENTRUM

A CATEDRAL

Gran Vía de Colón 5 | Eintritt (So ab 15.15 Uhr mit Res. frei)

Als erste Renaissancekirche Spaniens beeindruckt die Kathedrale durch ihre Größe. Der goldene Chor und die Sternenkuppel bilden einen schönen Kontrast zum weißen Kirchenschiff.

B CAPILLA REAL

Calle Oficios | Eintritt (ab 14.30 Uhr mit Reservierung frei)

Der Kathedrale angegliedert. In der **Kapelle** ruhen die Katholischen Könige Isabella I. von Kastilien und Ferdinand II. von Aragon. Die Grabmäler sind bemerkenswert kunstvoll gestaltet.

C PALACIO DE LA MADRAZA

Calle Oficios 14 | Eintritt

Als Koranschule, Universität, Rathaus und dann wieder als Universität scheint dieser **Barockpalast** seine ständige Funktion wiedergefunden zu haben. Sein Mudéjar-Oratorium ist erhalten.

D PLAZA BIB-RAMBLA

Dieser zentrale **Platz** in Granada ist auch einer der gemütlichsten. Hier lässt es sich gut auf einer Terrasse zwischen Brunnen und kleinen Geschäften aushalten. Authentisch und grün. *(Bild unten)*

E ALCAICERÍA

In der Calle Alceicería haben sich die Seidenhändler angesiedelt. Die Atmosphäre und das **lokale Kunsthandwerk** lassen sich beim Bummeln durch diese lebhafte Straße genießen.

F BASÍLICA DE SAN JUAN DE DIOS

Calle San Juan de Dios 15 | Eintritt

Sie werden geblendet sein! Diese Barockbasilika sieht von außen verspielt aus, doch im Inneren überrascht sie den Besucher. Vergoldungen und Gemälde füllen jeden möglichen Raum aus.

 Die jeweiligen Öffnungszeiten finden Sie im Register ab S. 178.

TOUR 1

GRANADA ADRESSEN

2 ZENTRUM

1 LOS DIAMANTES

»Vom gebratenen Fisch bis zu den Auberginen in Honig, ganz zu schweigen von den köstlichen Meeresfrüchten – die besten Tapas gibt es hier!«
Calle Navas 28 | tgl. 12.30–16.30, 20.30–24 Uhr

2 BAR LA RIVIERA

- Die Spezialität des Hauses: gebratenes Huhn.
- Über 50 verschiedene Biersorten, vegetarische Gerichte und Sandwiches.

Calle Cetti Meriem 7 | tgl. 12.30–24 Uhr

3 LA MILAGROSA IRREVERENTE

»Ich fühle mich in diesem gemütlichen Restaurant wie zu Hause. Köstliche und innovative Küche. Die Hamburger sind exquisit.«
Calle Jáudenes 1 | tgl. 9–24 Uhr

4 EL MERCADER

- Probieren Sie die *huevos revueltos* (Rühreier mit Iberico-Schwein und Chilis).
- Am besten reservieren!

Calle Imprenta 2 | Mi–So 13.30–17.30, 20–24 Uhr | ✆ 633 79 04 40

5 ENTREBRASAS

- Spezialisiert auf geschmortes Fleisch.
- Auch die Hamburger sind gut.

Calle Navas 27 | tgl. 19.30–23.30, Di–Sa auch 12.30–16 Uhr

6 EL BAR DE FEDE

»In dieser angesagten Gastrobar sind die Portionen großzügig bemessen. Probieren Sie die *pulpitas a la brasa* (gegrillter Oktopus).«
Calle Marqués de Falces 1 | Di–Sa 9–2 Uhr

7 SIBARIUS

- Moderne und elegante Gastrobar.
- Große Auswahl an Gerichten à la carte. Testen Sie Rührei mit Oktopus oder Lachs-Tataki.

Plaza de Bib-Rambla 20 | Mo–Sa 12–24 Uhr

8 LA GINTONERÍA CENTRO

- Einladende Location, ideal, um den Abend fortzusetzen.
- Sehr große Auswahl an Gins, Whiskys und Rum.

Calle Escudo del Carmen 11 | tgl. 15.30–2 Uhr

GRANADA 3 ALBAICÍN UND SACROMONTE

HIGHLIGHTS	ADRESSEN
A El Bañuelo	1 Delicias del Mar
B Palacio de los Olvidados	2 Bar Aixa
C Mirador de San Nicolás	3 Artesana Pic Nic
D Plaza Larga	4 Mirador de Morayma
E Museo Cuevas del Sacromonte	5 Restaurante El Trillo
F Entspannung im Hammam	6 Restaurante Jardines de Zoraya
	7 Zambra María la Canastera
	8 Escuela internacional de flamenco Manolete

Die Viertel Albaicín und Sacromonte wurden auf einer Anhöhe erbaut und bieten einen atemberaubenden Blick auf die Stadt. Der Albaicín verzaubert mit seinem orientalischen Ambiente, Sacromonte überrascht mit seinen Höhlenhäusern.

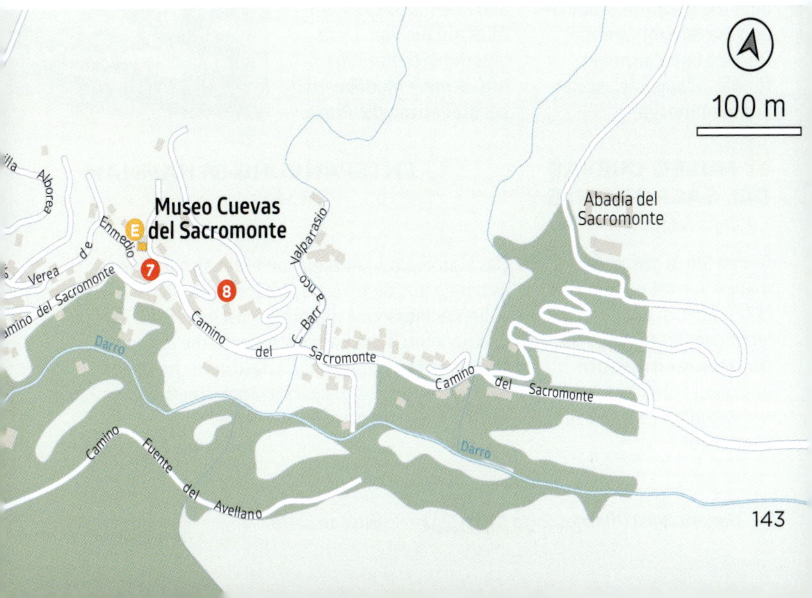

GRANADA HIGHLIGHTS

3 ALBAICÍN UND SACROMONTE

A EL BAÑUELO

Carrera del Darro 31 | Eintritt frei

Diese arabischen **Bäder** sind die ältesten in Spanien! Bei einem kleinen Rundgang kann man sehen, wie gut die Räume erhalten sind. Säulen und Oberlichter sind intakt.

B PALACIO DE LOS OLVIDADOS

Cuesta de Santa Inés 6 | Eintritt

Der **Palast** ist eine Hommage an die Juden zur Zeit der Katholischen Könige. Man erfährt mehr über die jüdische Kultur und die Folter, die ihnen von der Inquisition zugefügt wurde.

C MIRADOR DE SAN NICOLÁS

Bekannter **Aussichtspunkt** in Granada. Hier breitet sich ein Panorama über die gesamte Stadt und die Alhambra aus. Der richtige Zeitpunkt für das Schauspiel ist der Sonnenuntergang.

D PLAZA LARGA

Im Albaicín empfängt der **Platz** das Publikum morgens mit seinem Markt und abends mit seinem Blick auf die vom Licht umschmeichelte Alhambra. Schöne Mudéjar-Häuser stehen um die Plaza.

E MUSEO CUEVAS DEL SACROMONTE

B. de los Negros 5 | Eintritt

Gehen Sie in das ehemalige Viertel der *gitanos* (»Zigeuner«), um die Höhlenhäuser zu erkunden. Das **Höhlenmuseum** informiert über das Leben der Bewohner bis hin zum Flamenco!

F ENTSPANNUNG IM HAMMAM

Calle Santa Ana 16

Das Hammam Al Ándalus befindet sich in einem Gebäude aus dem 12.–13. Jh. Treten Sie ein in eine prunkvolle Wellnessoase mit orientalischem Flair. Mosaike und geometrische Elemente zieren die unterschiedlich temperierten Bereiche und das türkische Bad.

Hammam Al Ándalus: granada.hammamalandalus.com | Zutritt limitiert, Reservierungen: © 958 33 33 34

 Die jeweiligen Öffnungszeiten finden Sie im Register ab S. 178.

TOUR 1

GRANADA ADRESSEN

3 ALBAICÍN UND SACROMONTE

1 DELICIAS DEL MAR

- Stand 39 auf dem Markt in San Agustín.
- Meeresfrüchte und ganz frischer Fisch, vor Ort zubereitet: Gambas, Oktopus.

Cuesta de San Agustín | Di–So 9–17 Uhr

2 BAR AIXA

- Mit dem Getränk wird eine Tapa angeboten. Spezialität: *ensaladilla rusa* (russischer Salat).
- Schön geschmückter, typischer Innenhof.

Plaza Larga 5 | Mi–Mo 6–23.30, Di 6–13 Uhr

3 ARTESANA PIC NIC

»Dieses italienische Geschäft bietet Schmackhaftes zum Mitnehmen, um es im Angesicht der Alhambra zu genießen.«

Camino Nuevo de San Nicolás 13 | tgl. 12–23 Uhr

4 MIRADOR DE MORAYMA

- Blick auf die Alhambra.
- 100 % andalusische Hausmannskost: *ajo blanco grenadino* (Mandel- und Knoblauchsuppe).

Calle Pianista García Carrillo 2 | Mi–So 12–24 Uhr

5 RESTAURANTE EL TRILLO

- Eine Oase gegenüber der Alhambra.
- Kreative mediterrane Küche, liebevolle präsentiert: *salmorejo* mit Avocado.

Calle Aljibe de Trillo 3 | Do–Mo 13–16, 19–23 Uhr

6 RESTAURANTE JARDINES DE ZORAYA

- Nasridenhaus mit baumbestandenem Innenhof.
- Schmackhafte mediterrane Gerichte und erstklassige Flamenco-Shows.

Calle Panaderos 32 | tgl. 12–23.30 Uhr

7 ZAMBRA MARÍA LA CANASTERA

- Einer der ältesten Flamenco-Orte der Stadt.
- Dekoration aus alten Fotos und Utensilien aus Kupfer.

Camino del Sacromonte 89 | Shows März–Okt. 21.45, Nov.–Feb. 21.30 Uhr

8 ESCUELA INTERNAC. DE FLAMENCO MANOLETE

- DIE Empfehlung, geleitet von einem der großen Meister des Flamenco.
- Aufführungen an Freitagabenden.

Camino del Sacromonte 107 | Mo–Fr 10–14, 16–20 Uhr

MONTEFRÍO UND ALHAMA

SCHÄTZE DER PROVINZ GRENADA

- **170 km lange Rundreise (3 Std. reine Fahrzeit)**
- **Montefrío und Alhama de Granada werden von Bussen bedient**

MONTEFRÍO

Montefrío, umgeben von einer Bergkulisse, ist ein bezaubernder Zwischenstopp. Auf dem Fels thronend, begrüßen die Iglesia de la Villa und nasridische Relikte die Reisenden bei einer Wanderung durch Olivenhaine. Der Sonnenuntergang ist atemberaubend! Weiter unten befindet sich eine zweite Kirche. Sie wurde im 18. Jh. erbaut und wird wegen ihrer perfekt runden Kuppel auch »La Rotonda« genannt.

ATALAYA

Montefrío

- Autorenküche, schön präsentiert und tadelloser Service.
- Selbst gebackenes Brot und im Ofen geschmortes Fleisch.

Calle Huelva | tgl. 6–23, Sa 6–11 Uhr

ALHAMA DE GRANADA

Die Stadt zeigt sich dem Besucher kühn über der Schlucht des Río Alhama liegend! Die prachtvollen Gebäude zeugen davon, dass die Geschichte von den muslimischen, christlichen und jüdischen Besatzern geschrieben wurde. Die arabischen Bäder zeigen, wie wichtig die Thermalquellen von Alhama waren.

TOUR 1
Alcalá la Real
339
A 403
Benalúa de las Villas
N 323A
A 335
GR 3410
A 4076
A 44
efrío
N 432
Íllora
A 335
Alomartes
A 336
A 336
Tocón
Atarfe
A 335
Genil
N 432
Láchar
A 92
Fuensanta
Santa Fe
Loretto
Granada
A 44A
A 402
Río Alhama
A 338
Ventas de Huelma
Padul
A 338
A 4050
lhama
Granada
A 44
N 323
A 402
0
5
10 km

TAGESAUSFLUG VON GRANADA

DIE DÖRFER DER SIERRA NEVADA

- **150 km lange Rundreise (2.50 Std. reine Fahrzeit)**
- **Alle Dörfer sind mit dem Bus erreichbar**

PAMPANEIRA

Dieses Dorf wurde lange Zeit von Künstlern besucht, die von der Landschaft der Schlucht Barranco de Poqueira angezogen wurden. Lassen Sie sich seine Kirche und seine Plätze nicht entgehen.

BODEGA ASADOR EL LAGAR

Pampaneira

- Malerisches Restaurant.
- Ein typisches Gericht, das in großen Mengen serviert wird, sind die *albondigas* (Hackfleischbällchen).

Calle el Silencio 2 | tgl. 10–24 Uhr

BUBIÓN

Exotisch wirkt das Dorf mit seinen Flachdächern, die an Nordafrika erinnern. Interessante Kirche und arabischer Turm. In der Nähe befindet sich ein buddhistisches Zentrum, das Anhänger anzieht.

CAPILEIRA

Zwischen den kubischen Häusern wecken Webereien, eine Kirche aus dem 18. Jh. und ein Museum über die Traditionen der Alpujarra-Region die Neugierde. Ein schöner Ausflug in die Vergangenheit!

TOUR 1
Granada
Parque natural Sierra de Huétor
Purullena
Guadix
Parque nacional de la sierra Nevada
LAS APURRAS
Trevélez
Capileira
Bubión
Pampaneira
Lanjarón
Busquístar
Salobreña
Motril
Adra
COSTA TROPICAL
MITTELMEER
A 44
A 308
A 92N
A 92
A 395
A 337
E 902
A 348
A 7
10
20 km

VON GRANADA NACH MÁLAGA

- **Strecke: 135 km (2 Std. reine Fahrzeit)**
- **1.45–2.30 Std. mit dem Bus oder Zug**
- **Es gibt Busse nach Archidona und Málaga**

MIRADOR DEL CASTILLO

Archidona

Bewundern Sie unterwegs die Landschaft! Der **Aussichtspunkt** befindet sich unterhalb der Einsiedelei Notre-Dame de Grâce. Spazieren Sie entlang der Mauern, um die Aussicht auf die Berge zu genießen.

MESÓN SAN ISIDRO

Archidona

- Abseits des Zentrums, überdachte Terrasse.
- Regionale und saisonale Produkte: *migas* (Weißbrot mit *chorizo*), Pilzpfanne oder Wild.

Calle Pintores 5 | tgl. 11.30–1 Uhr

JARDÍN BOTÁNICO LA CONCEPCIÓN

Málaga | g. Mo | Eintritt

Der **tropische Garten** ist eine Oase im heißen Andalusien. Die üppige Vegetation gibt den Blick frei auf Wasserfälle und Teiche. Ein zauberhafter Zwischenstopp. *(Bild)*

 Die jeweiligen Öffnungszeiten finden Sie im Register ab S. 178.

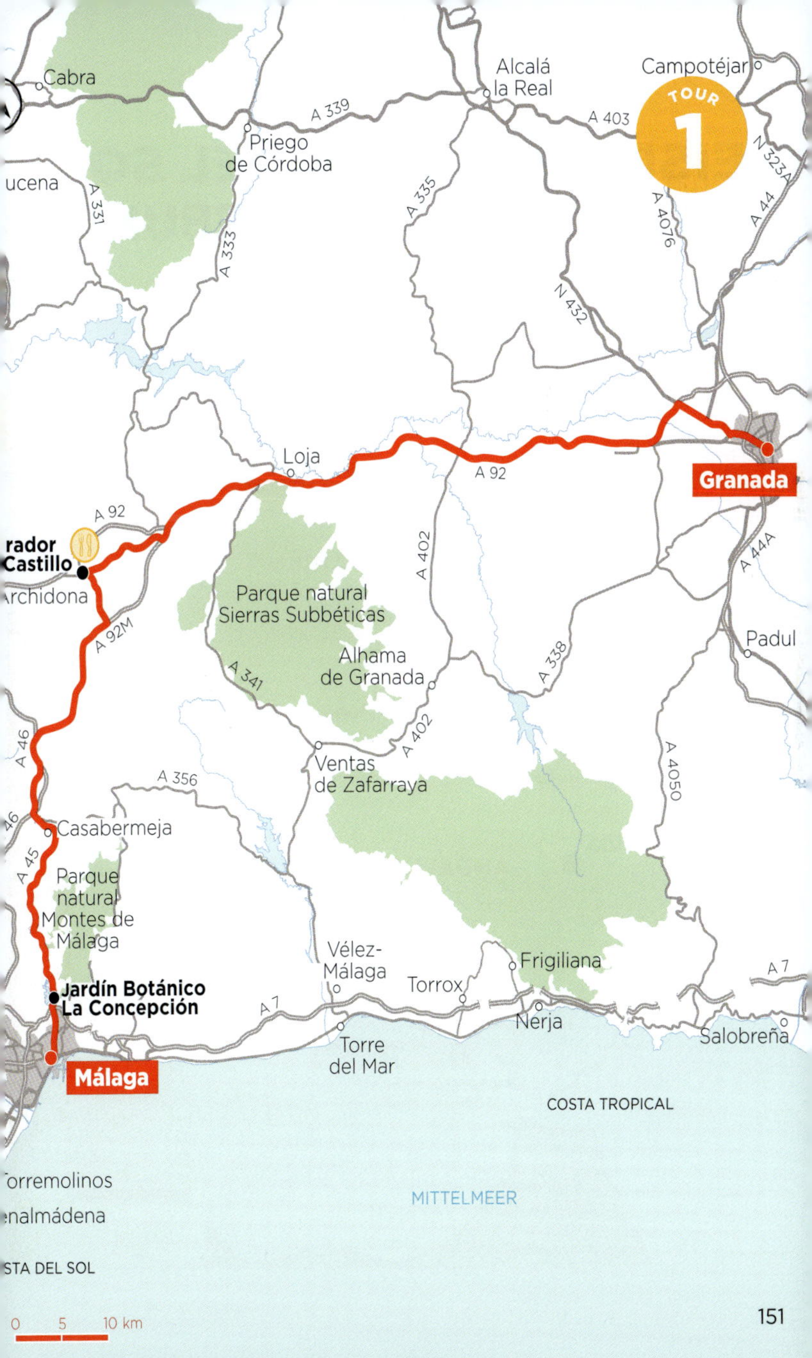
TOUR 1
Cabra
Alcalá la Real
Campotéjar
A 339
A 403
Priego de Córdoba
ucena
A 331
A 333
A 335
A 4076
N 323A
A 44
N 432
Loja
A 92
Granada
A 92
rador Castillo
Archidona
A 92M
Parque natural Sierras Subbéticas
A 402
A 44A
Alhama de Granada
A 341
A 338
Padul
A 46
A 402
Ventas de Zafarraya
A 356
A 4050
Casabermeja
A 45
Parque natural Montes de Málaga
Vélez-Málaga
Torrox
Frigiliana
A 7
Jardín Botánico La Concepción
A 7
Nerja
Salobreña
Torre del Mar
Málaga
COSTA TROPICAL
Torremolinos
Benalmádena
MITTELMEER
STA DEL SOL
0
5
10 km

REISETIPP COSTA DEL SOL MARBELLA UND UMGEBUNG

Die pulsierende Costa del Sol lässt sich am besten von Marbella aus entdecken! Von diesem Ausgangspunkt aus schlagen wir Ihnen vier Tage vor, um die Umgebung zu erkunden, in der man Geschichte, Kunst und Gastronomie genießt, ohne dass die Badefreuden zu kurz kommen.

MARBELLA

Ehemaliges Fischerdorf, das zum Badeort wurde

1 Costa del Sol

Hoch gelegene Dörfer und Sandstrände

2 Málaga

Stadt der Kunst am Meer

3 Ronda

Atemberaubend schöne Stadt

4 Gibraltar

Ein sehr britischer Felsen!

REISETIPP COSTA DEL SOL

MARBELLA

Marbella mit seinem kleinen Hafen ist der ideale Ausgangspunkt für die Costa del Sol. Von orientalisch angehauchten Straßen bis hin zu goldenen Stränden bietet der hübsche Ort eine Fülle an kulturellen und sportlichen Aktivitäten.

- **Nur wenige Plätze in den kostenlosen Parkhäusern. Parkmöglichkeiten auf gebührenpflichtigen Parkplätzen oder am Hotel.**
- **Im Juni feiert Marbella San Bernabé, den Schutzheiligen der Stadt**
- **Touristeninfo: Av. Fontanilla, Plaza de los Naranjos**

SEHENSWERTES UND STRÄNDE

- A Plaza de los Naranjos
- B Altstadt
- C Esculturas de Dalí
- D Plages

ADRESSEN

1. El Patio de Mariscal
2. La Bodega del Mar
3. La Ola
4. Casa Eladio
5. El gastrobar Píkaro
6. Bar El Estrecho

Mercado
Calle de Jacinto Benavente
Calle Ramón Giménez
Calle del Cavario
C. Castillejos
C. Aduar
C. Ancha
C. Chorrón
C. Montenebros
C. Lobatas
C. Escuelas
C. V. de los Dolores
Av. de l'Europa
PL. PUENTE RONDA
Burgruine
Ayuntamiento
Altstadt
Calle Peral
C. de los Caballeros
Casa del Corregidor
Plaza de los Naranjos
PLAZA DE REYES CATÓLICOS
PLAZA MARQUÉS DE SALAMANCA
PLAZA JUAN DE LA ROSA
Avenida Ramón y Cajal
C. Estación
Calle Huerta Chica
PLAZA DE VICTORIA
C. Trinidad
Museo del Grabado
Igelsia de N.S. de la Encarnación
C. Valdés
Calle S. Lázaro
C. Pedraza
PLAZA ALTAMIRANO
PLAZA CARIDAD
PLAZA DE ÁFRICA
PLAZA J. PALOMO
PLAZA MANUEL CANTOS
Calle Muro
Calle Antonio Herrero
Calle V. de la Serna
Calle Virgen del Pilar
Calle Notario Luis Olivier
Calle Ramiro C. Turmo
Nabeul
C. Marqués de Najera
Parque de la Alameda
Travesía Carlos Mackintosh
Calle F. R. de la Fuente
Avenida de Nabeul
Ntra. Sra. de Gracia
Av. Miguel Cano
Avenida del Mar
Esculturas de Dalí
Avenida Puerta del Mar
C. El Fuerte
Playa del Cable (1,3 km)
Playa de las Chapas (10 km)
Playa de Cabopino (14 km)
Avenida Antonio Belón
Avenida Duque de Ahumada (Paseo Marítimo)
Puerto Deportivo de Marbella
MITTELMEER
100 m
REISETIPPS 1 AM MEER

MARBELLA

SEHENSWERTES UND STRÄNDE

A PLAZA DE LOS NARANJOS

Dieser Platz mit Orangenbäumen in der Altstadt lädt dazu ein, eine Pause zu machen. Bewundern Sie das *ayuntamiento* (Rathaus) und die Fassade der Casa del Corregidor aus dem 16. Jh. *(Bild S. 157)*

B ALTSTADT

Die Zeit scheint stehen geblieben. Die Burgruine, ihre Türme und die Mauer entführen den Reisenden in die Zeit der muslimischen Besatzung. Im Rathaus kann man eine Führung buchen. *(Bild links)*

C ESCULTURAS DE DALÍ

Avenida del Mar | Eintritt frei

Der Parque de la Alameda ist eine Oase der Kunst. **Skulpturen** von Salvador Dalí tauchen zwischen unzähligen Pflanzen auf.

D STRÄNDE

Jedem sein eigener Strand in Marbella! In der Stadt ist die **Playa del Cable** perfekt für Familien. Liebhaber der Ruhe werden weiter zur **Playa de las Chapas** und **Playa de Cabopino** fahren (Bild oben.) Näher und im Westen liegt die kleine und schöne **Playa del Faro**, zehn Gehminuten vom Stadtzentrum entfernt.

 Die jeweiligen Öffnungszeiten finden Sie im Register ab S. 178.

REISETIPPS 1 AM MEER

MARBELLA

ADRESSEN

1 EL PATIO DE MARISCAL

• Nettes Restaurant mit Hof, ausgezeichnete traditionelle Gerichte und eine Köchin, die Opern singt!
• Entscheiden Sie sich für eine *paella*!
Calle Virgen de los Dolores 3 | Mi–Mo 11–15, 18.30–23.30 Uhr

2 LA BODEGA DEL MAR

• Gemütliches Restaurant mit Blick auf das Meer und abwechslungsreicher Karte.
• Probieren Sie Hähnchenspieße mit Currykartoffeln.
Av. Duque de Ahumada 13 | tgl. 9.30–24, Winter 10–23 Uhr

3 LA OLA

• Netter *chiringuito* (Strandbar) – man steht mit den Füßen im Sand.
• Spezialisiert auf Fischspieße.
Playa la Fontanilla | tgl. 11–18, Sommer 2–24 Uhr

4 CASA ELADIO

• Moderne Einrichtung, die mit Licht spielt.
• Feine Küche: z. B. *lechazo* (Milchlamm) oder Seebarsch.
Calle Virgen de los Dolores 6 | Fr–Mi 12.30–15, 18–23.30 Uhr

5 EL GASTROBAR PÍKARO

• Kreative Küche gegenüber dem Jachthafen.
• Zum Genießen: Schwertfisch-Tatar.
Puerto Deportivo de Marbella, local n°4 | Mi–So 13.30–16.30, Mi–Do 19–24 Uhr

6 BAR EL ESTRECHO

• Die besten Tapas von Marbella gibt es in dieser Bar, die 1954 eröffnet hat!
• Nicht verpassen: die Schnecken-Tapa.
Calle San Lázaro 12 | Di–Sa 12–24 Uhr

COSTA DEL SOL

HOCH GELEGENE ORTE UND SANDSTRÄNDE

- **Benalmádena ist 45 km, Mijas 35 km von Marbella entfernt**
- **Es fahren Busse in die beiden Orte**
- **Im Sommer ist viel Verkehr, planen Sie das mit ein**

A BENALMÁDENA

Dieser Ort mit seinen Türmen und dem archäologischen Museum ist interessant. Ganz in der Nähe fasziniert das Castillo de Colomares (20. Jh.), das Christoph Kolumbus gewidmet ist.

1 PANORAMA BISTRO BAR

Benalmádena

- Restaurant direkt am Wasser.
- Spezialitäten: Nudeln mit Meeresfrüchten und hausgemachte *sangria*.

Av. de Antonio Machado 57 | Di–So 12–17.30 Uhr

B MIJAS

Die Stadt mit ihren weißen, mit Blumen geschmückten Straßen ist bezaubernd. Holzstege führen zu Aussichtspunkten, an denen es nach Pinien duftet. *(Bild oben)*

C STRÄNDE

Die **Playa Real de Zaragoza** heißt Familien und Sportbegeisterte willkommen. Die **Playa Peñón del Cuervo** ist wunderschön mit ihrem goldenen Sand und dem riesigen Felsen im Meer.

Pedrera
Loja
REISETIPPS 1 AM MEER
Fuente de Piedra
Sierra de Yeguas
Martín de la Jara
A 92
A 45
A 365
A 384
Los Llanos
Archidona
Parque natural Sierras Subbéticas
A 92M
Saucejo
Campillos
Antequera
Stausee Guadalhorce
Stausee Guadalteba
Almargen
A 343
El Torcal de Antequera
Ventas de Zafarraya
Parc El Chorro
Caminito del Rey
Stausee Conde de Guadalhorce
A 367
Ardales
A 7075
A 46
Parque natural Montes de Málaga
A 357
Álora
A 366
El Burgo
Jardín Botánico La Concepción
A 354
Estación de Cartama
A 7 E 15
Parque natural Sierra de las Nieves
Tolox
Alozaina
Málaga
Rincón de la Victoria
Playa de Peñón del Cuervo
C
Torremolinos
Mijas
B
Benalmádena
A
1
A 355
Istán
A 7053
Fuengirola
MARBELLA
Nueva Andalucía
Playa Real de Zaragoza
San Pedro de Alcántara
COSTA DEL SOL
MITTELMEER
0 5 10 km

REISETIPP COSTA DEL SOL | TAG 2

MÁLAGA

HAUPTSTADT DER COSTA DEL SOL

- **Málaga liegt ca. 60 km nordöstl. von Marbella**
- **Busse fahren in weniger als 1 Std. von Marbella nach Málaga**

A CATEDRAL

Calle Molina Lario 9 | So geschl. | Eintritt

Die von den Katholischen Königen erbaute **Kathedrale** beeindruckt mit ihren Skulpturen und der Orgel. Der unvollendete Südturm hat ihr den Spitznamen »Manquita« (Einarmige) eingebracht.

B MUSEO PICASSO

Calle San Agustín 8 | Eintritt

Im Palacio de Buenavista sind etwa 200 Werke des großen Sohnes von Málaga zu bestaunen. Verpassen Sie nicht die Gemälde *Die drei Grazien* und *Kind mit einer Schaufel*!

C ALCAZABA

Calle Alcazabilla 2 | Eintritt (So ab 14 Uhr frei)

Von der **Burganlage** mit den nasridischen Gärten hat man einen atemberaubenden Blick auf Málaga. Besuchen Sie das **Teatro Romano** und das **Castillo de Gibralfaro**, das mit der Alcazaba verbunden ist.

D PALMERAL DE LAS SORPRESAS

Sehr angenehmer **Spaziergang** im Schatten unter der Pergola entlang des Hafens. An seinem Ende befindet sich das **Centre Pompidou**, eine Außenstelle des Pariser Zentrums. (Bild)

E PLAYA DE LA MALAGUETA

Der stadtnahe **Strand** beginnt am Hafen und erstreckt sich über 1,2 km in östliche Richtung. Sportanlagen, Kinderspielplatzund Verleih von Ausrüstung für den Wassersport.

F MERCADO DE ATARAZANAS

Calle Atarazanas 10 | Di–Sa

Diese ehemalige Schiffswerft ist heute ein **Markt**. Lokale Produkte und Tapas, die Sie direkt verspeisen können – ein Schlemmertreffpunkt, den Sie unter keinen Umständen verpassen sollten!

1 CASA LOLA

- Ausgezeichnete Tapas, mitten im Zentrum von Málaga.
- *Boquerones* (Sardellen) in Essig, Kroketten, *chorizo* und *salmorejo*.

Calle Granada 46 | tgl. 12.45–24 Uhr

 Die jeweiligen Öffnungszeiten finden Sie im Register ab S. 178.

REISETIPPS
1
AM MEER
Museo del Vino
Carretería
S. Julián
PL. DE S. PEDRO DE ALC.
Olletas
C. Mariblanca
C. Álamos
Madre de Dios
C. Ramos Marín
C. San J. de Letrán
Picassos Geburtshaus
La Victoria
PLAZA DE LA MERCED
Castillo de Gibralfaro
C. Malasaña
Av. de Fátima
Av. de la Rosaleda
C. De Tiro
PL. DE LA AURORA
PUENTE AURORA
Puente
Carretería
A. Pérez
Comedias
Méndez Núñez
C. R. Franquelo
T. Cozar
Alcazabilla
Puerta Nueva
Compañía
PL. D. SIGLO
Calle Granada
C. Echegaray
San Agustín
C. d. Duque de la Victoria
Lario
Museo Picasso
Alcazaba
Teatro Romano
MUPAM
Paseo de Reding
P. de Gumbarda
P. Sta Isabel
Cisneros
PL. DE LA CONSTITUCIÓN
Pje Chinitas
C. Fresca
Catedral
PL. OBISPO
Císter
PL. DE LA ADUANA
G. Sotelo
PLAZA DEL GENERAL TORRIJOS
Plaza de Toros
Sto. Domingo
Fajardo
S. Juan
Nueva
PL. FÉLIX SÁEZ
Marqués de Larios
Museo de Málaga
Av. de Cervantes
S. Souvirón
C. Herrería del Rey
Al. Luján
J. Díaz Bolsa
C. Molina
Maestranza
Mercado de Atarazanas
Calle Atarazanas
Martínez
Paseo del Parque
Paseo de los Curas
PL. DE LA MARINA
Alameda Principal
PUENTE TETUÁN
Palmeral de las Sorpresas
Centre Pompidou
C. Trinidad
Grund
Tomás de Heredia
Córdoba
C. Casas de Campos
C. Somera
Alameda de Colón
Avenida Manuel Agustín Heredia
Pinzón
D. de Parcent
Estación marítima
Muelle Uno
Paseo de la Farola
San Nicolás
Vélez
Reding
Paseo Ciudad de Melilla
Playa de la Malagueta
Benítez
Alemania
CAC Málaga
Hafen
Leuchtturm
MITTELMEER
Paseo de la Farola
bella (60 km)
200 m

RONDA

SCHWINDELERREGENDE WEISSE STADT

- **Ronda liegt 60 km nordwestl. von Marbella**
- **Busse fahren in 1.15 Std. von Marbella nach Ronda**
- **Früh anreisen, um einen kostenlosen Parkplatz zu finden (die kostenpflichtigen sind teuer)**

A PUENTE NUEVO

Plaza España

Die **Brücke** ist das Wahrzeichen von Ronda und verbindet, 100 m über dem Guadalevín, die alte mit der neuen Stadt. In den Räumen im mittleren Brückenteil gibt es ein kleines Museum.

B PALACIO DE MONDRAGÓN

Plaza Mondragón | Eintritt

Der elegante **Palast** beherbergt die Ergebnisse der archäologischen Ausgrabungen in der Region. Treten Sie durch die Tore in die Innenhöfe mit arabischen und gotischen Einflüssen.

C PLAZA DUQUESA DE PARCENT

Der schönste **Platz** von Ronda ist ein guter Ort für eine Pause. Schauen Sie sich in Ruhe um, um das *ayuntamiento* (Rathaus) und die Kirche Santa Maria La Mayor zu bewundern.

D JARDINES DE CUENCA

Calle Escolleras 1

Seien Sie vorsichtig! Die zahlreichen Terrassen, aus denen die **Parkanlage** besteht, wurden direkt am Rand der **Schlucht des Tajo** angelegt. Der Blick hinunter ist atemberaubend.

E BAÑOS ÁRABES

Calle Molino de Alarcón 11 | Eintritt

Die **arabischen Bäder** befinden sich in einem bemerkenswert guten Zustand und zeugen von ihrer Pracht in der Nasridenzeit. Drei Räume können besichtigt werden.

1 CASA MATEOS

- Tapas, Salate, gegrilltes Fleisch und saisonale Gerichte.
- Exquisit: das Blätterteiggebäck mit gegrillten Sardinen.

Calle Jerez 6 | Di–Sa 13–16, 20–24, So 13–16 Uhr

 Die jeweiligen Öffnungszeiten finden Sie im Register ab S. 178.

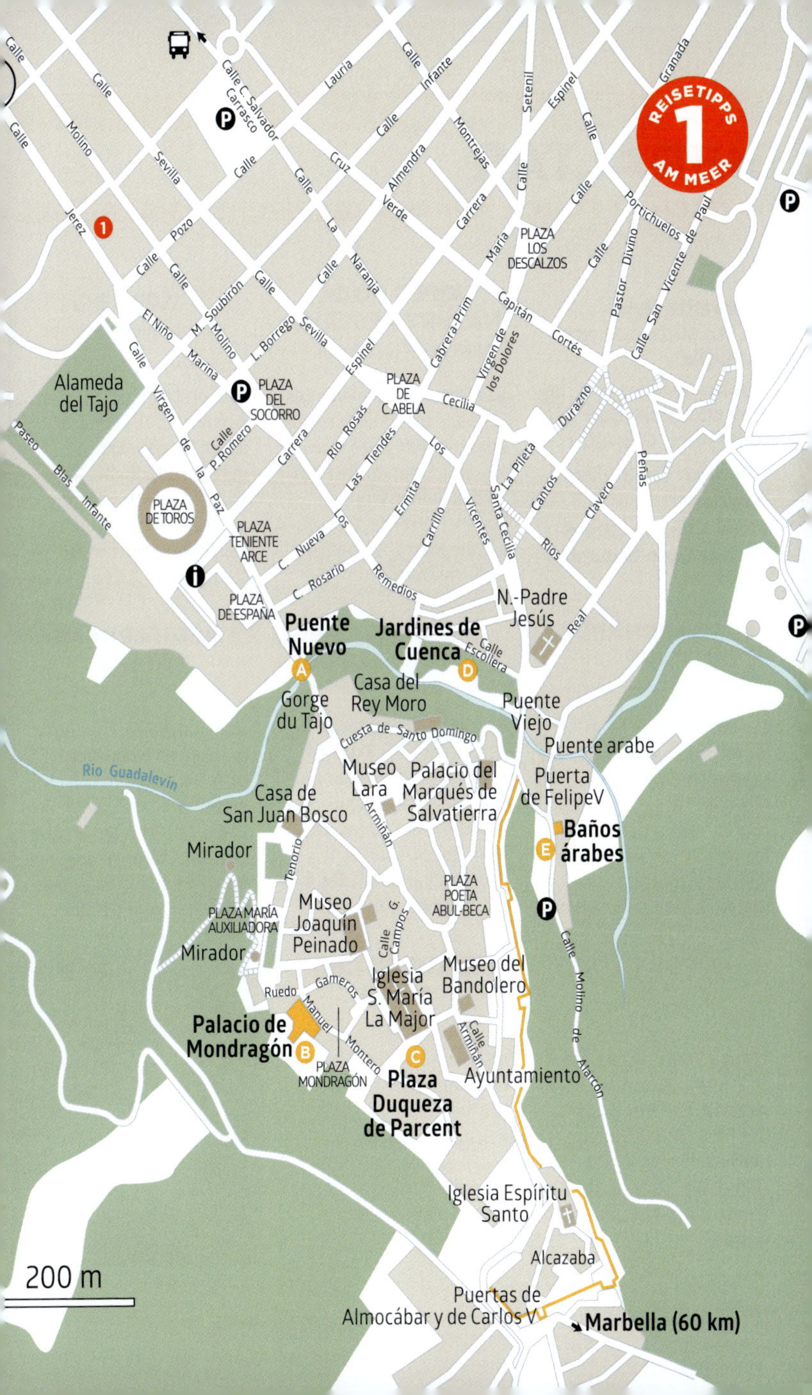

REISETIPPS 1 AM MEER
Alameda del Tajo
PLAZA DE TOROS
PLAZA DEL SOCORRO
PLAZA DE C. ABELA
PLAZA LOS DESCALZOS
PLAZA TENIENTE ARCE
PLAZA DE ESPAÑA
Puente Nuevo
Jardines de Cuenca
N.-Padre Jesús
Casa del Rey Moro
Gorge du Tajo
Puente Viejo
Puente arabe
Rio Guadalevín
Cuesta de Santo Domingo
Museo Lara
Palacio del Marqués de Salvatierra
Puerta de FelipeV
Baños árabes
Casa de San Juan Bosco
Mirador
PLAZA MARÍA AUXILIADORA
Mirador
Museo Joaquín Peinado
PLAZA POETA ABUL-BECA
Museo del Bandolero
Iglesia S. María La Major
Palacio de Mondragón
PLAZA MONDRAGÓN
Plaza Duqueza de Parcent
Ayuntamiento
Iglesia Espíritu Santo
Alcazaba
Puertas de Almocábar y de Carlos V
Marbella (60 km)
200 m
Calle Jerez
Calle Molino
Calle Sevilla
Calle Pozo
Calle M. Soubirón
Calle Molino
Calle El Niño
Calle Marina
Calle Virgen de la Paz
Calle P. Romero
Calle L. Borrego
Calle Sevilla
Calle C. Salvador Carrasco
Calle Lauria
Calle Cruz
Calle La Naranja
Calle Infante
Calle Almendra
Verde
Montrejas
Carrera
Calle María
Setenil
Calle Espinel
Calle Granada
Calle Portichuelos
Calle Pastor Divino
Calle San Vicente de Paul
Capitán Cortés
Cabrera-Prim
Virgen de los Dolores
Cecilia
Durazno
Espinel
Carrera
Rio Rosas
Las Tiendes
Los Vicentes
Ermita
Carrillo
La Pileta
Santa Cecilia
Cantos
Clavero
Peñas
Rios
Real
C. Nueva
C. Rosario
Los Remedios
Calle Escollera
Paseo Blas Infante
Arminán
Tenorio
G. Campos
Calle Gameros
Ruedo
Manuel Montero
Calle Arminán
Calle Molino de Alarcón

GIBRALTAR

BRITISCHER TOUCH AUF DER IBERISCHEN HALBINSEL

- **Gibraltar liegt 80 km südwestl. von Marbella**
- **Busse fahren in 1.20 Std. von Marbella nach Gibraltar**
- **Denken Sie an Ihren Ausweis**
- **Man kann in Gibraltar mit Euro bezahlen**

UPPER ROCK NATURE RESERVE

Zugang/Seilbahn kostenpflichtig

Das Reservat kann mit der Seilbahn (*cable car*), zu Fuß oder mit dem Auto erreicht werden. Eine Straße führt zu den Sehenswürdigkeiten. Herrliche Aussicht auf die Meerenge und die afrikanische Küste.

A APES DEN

Im Upper-Rock-Reservat

Wie erstaunlich! Auf den Anhöhen von Gibraltar leben **Berberaffen** in freier Wildbahn. Sie wurden von den Briten aus Afrika mitgebracht. Berühren oder füttern Sie sie nicht!

B ST. MICHAEL'S CAVE

Im Upper-Rock-Reservat

Die **Höhle** ist geheimnisvoll und gibt Anlass zu Legenden: So soll sie zu einem Tunnel nach Afrika führen, durch den Affen kamen. Sicher ist: Hier werden Theaterstücke und Konzerte aufgeführt!

C THE GREAT SIEGE TUNNELS

Im Upper-Rock-Reservat

Abstieg tief hinunter in den Felsen! Die **Tunnel** wurden 1782–1783 angelegt, um Kanonen aufzustellen und gegen den französisch-spanischen Feind zu kämpfen, der Gibraltar erobern wollte.

D MEDITERRANEAN STEPS

Im Upper-Rock-Reservat

Vom jüdischen Friedhof aus führen **Hunderte von Stufen** den Felsen hinauf. Halten Sie den Atem an, denn die Treppe ist steil. Die Anstrengung wird mit einem sagenhaften Panorama belohnt.

E EUROPA POINT

Europa Point ist das Tor zu Europa. **Atemberaubender Blick** auf das Meer. Man kann die marokkanische Küste sehen! Die 3 km entfernte Sandy Bay ist ideal zum Baden.

1 CURRY AND SUSHI

- Schöne Kombination aus indischer und japanischer Küche.
- Scharfe Aromen, Sushi und vegetarische Gerichte.

30 Parliament Lane | Di–So 12.30–15.30, 18–22.30 Uhr

 Die jeweiligen Öffnungszeiten finden Sie im Register ab S. 178.

SPANIEN
Marbella (75 km)
REISETIPPS 1 AM MEER
Gibraltar International Airport
Winston Churchill Av.
Marina
N Mole Rd
Waterport Rd
Devil's Tower Rd
Eastern Beach
Glacis Rd
Europort Av.
Hafen von Gibraltar
Europort Av.
Rd
The Great Siege Tunnels
Rock of Gibraltar 426 m
Parliament Lane
Bishop Caruana Rd
Queensway
Castle Rd
Willis's Rd
Main St
Marina
Queen's Rd
Signal Station Road
Sir Herbert Miles Rd
Catalan Bay
Bay of Gibraltar
Prince Edward's Rd
Queensway Rd
Marina
Upper Rock Nature Reserve
Cable Car
St Michael Rd
Rosia Rd
Europa Rd
Sandy Bay
Apes Den
South Mole
St. Michael's Cave
Mediterranean Steps
Queen's Rd
Engineer Rd
Dudley Ward Way
Rosia Rd
Jüdischer Friedhof
MITTELMEER
Keightley Rd
Europa Rd
Europa Advance Rd
Rd
Europa Point
500 m

REISETIPP COSTA TROPICAL ALMERÍA UND UMGEBUNG

REISETIPPS 2 AM MEER

Kommen Sie an die Costa Tropical! Von Almería aus bieten sich drei Tage an, um die Umgebung zu erkunden. Fischerdörfer, Buchten mit türkisfarbenem Wasser und die Schönheit der Landschaft werden Sie verzaubern.

ALMERÍA

Mediterraner Charme

1 | Cabo de Gata

Einzigartige Naturschönheiten

2 | Costa Tropical

In den andalusischen Tropen

3 | Desierto de Tabernas

Wildwest-Atmosphäre

ALMERÍA

Das dynamische Almería, das sich einst gegen Piraten gewehrt hat, wendet sich heute ganz dem Meer und seinen Freuden zu: Strände, Wassersportaktivitäten sowie die Zubereitung und Verkostung von frisch Gefangenem.

- **Volksfest und eine Wallfahrt zu Ehren der Schutzpatronin, der Jungfrau des Meeres, im August**
- **Feierlichkeiten mit Konzerten und Feuerwerk**
- **Touristeninfo: Plaza de la Constitución, www.turismodealmeria.org**

SEHENSWERTES UND STRAND

- A Alcazaba
- B Catedral
- C Playa de las Almadrabillas
- D Museo de la Guitarra
- E Museo de Almería

ADRESSEN

1. La Chumbera
2. Tab. Entrevinos
3. La Cueva
4. Bonillo
5. La Mala-Croqueteria
6. El Rincón de Basi
7. Taberna Nuestra Tierra

Alcazaba
Entrée
Calle Almanzor
Castilla Pérez
Calle Antonio Vico
Calle Granada
Calle Navarro Darax
C. Hernán Cortés
Aljibes Árabes de Jayrán
PLAZA MANUEL PÉREZ
Calle Rembla del Obispo Orbera
Santiago
Museo de Almería (850 m)
PLAZA FLORES
C. Marín
C. de las Tiendas
Calle Jovellanos
Santa Clara
PLAZA DE LA CONSTITUCIÓN (PLAZA VIEJA)
Calle Concepción
C. San Francisco
Paseo de Almería
Mercado
C. Reyes Católicos
J. M. Acosta
Ayuntamiento
Calle Real
PLAZA SAN PEDRO
San Pedro
C. Ricardo
Calle Arráez
Las Puras
C. Cervantes
C. Lope de Vega
Reina
C. Demóstenes
Calle Padre Luque
Callejón
PL. DEL ECUADOR
Bailén
Castaños
Almedina
Perdones
PLAZA DE LA CATEDRAL
Calle Infanta
C. San Pedro
Calle de la
Calle de la
General G. Luque
San Juan
C. Eduardo Pérez
C. Trajano
Ofalla
Calle Pedro Jover
Catedral
Santa Cruz
PLAZA BENDICHO
PLAZA MASNOU
Santo Domingo
Conde
(1,3 km)
Calle Hospital
Museo de la Guitarra
PLAZA ALFONSO XIII
Teatro Cervantes
Nicolás Salmerón
Ctra.
Atarazanas
Ronda del Beato Diego Ventaja
Hospital
C. Gravina
PL. PABLO CAZARD
Alicante
Centro andaluz de la Fotografía
de
Paseo de San Luis
Málaga
Calle de Gerona
Castro
Campos
Arapiles
Calle G. Segura
Paseo Ctra.
PUERTA DEL MAR
Alvarez
Martínez
López Falcón
Gobierno Civil
Lorca
Parque de Nicolás Salmerón
de Málaga
Coches
(300 m)
Av. Federico García
Rambla de Almería
Estación Maritima
Av. Reina Regente
Puerto
MITTELMEER
Playa de las Almadrabillas (1 km)
00 m

REISETIPP COSTA TROPICAL

ALMERÍA

SEHENSWERTES UND STRAND

A ALCAZABA

Calle Almanzor | Di–So | Eintritt frei

Die arabische **Festung** aus dem 10. Jh. besteht aus einem dreifachen Mauerring. Bastion, Zisterne und Bäder lockern die Besichtigung der Burg mit ihrem mächtigen Bergfried auf.

B CATEDRAL

Plaza de la Catedral 8 | Di–So | Eintritt

Sie war früher nicht nur **Kathedrale**, sondern auch eine Festung. Die Bevölkerung suchte hier bei Piratenangriffen Zuflucht. Originell ist die Mischung aus Renaissance- und Barockstil. *(Bild Mitte)*

C PLAYA DE LAS ALMADRABILLAS

Nur einen Steinwurf vom Stadtzentrum entfernt prägt ein imposantes Industriedenkmal den **Strand**: der Pier Cable Inglés, der 1904 als Erzverladerampe errichtet wurde.

D MUSEO DE LA GUITARRA *Ronda del Beato D. Ventaja | Eintritt*

Das interaktive **Museum** entführt die Besucher in die Welt der spanischen Gitarre! Entdecken Sie die Geschichte des Instruments und hören Sie zu. Ein musikalischer Zwischenstopp zum Genießen.

E MUSEO DE ALMERÍA *Carretera de Ronda 91 | Di–So | Eintritt frei*

Das moderne **Museum**. bringt dem Besucher auf drei Etagen die Kultur der Region nahe. Viele Objekte aus den archäologischen Stätten gewähren Einblick in die Frühgeschichte und Antike.

ALMERÍA

REISETIPPS 2 AM MEER

ADRESSEN

1 LA CHUMBERA

- Ideal zum Frühstück oder als Snack: hausgemachte Kuchen, Eis, Waffeln.
- Entscheiden Sie sich für ein Stück Karottenkuchen!

C. Jovellanos 10 | Mo–Sa 7.30–13, 16–20.30 Uhr

2 TABERNA ENTREVINOS

- Tapas an der Bar und eine abwechslungsreiche Speisekarte.
- Unbedingt reservieren!

Calle Francisco García Góngora 11 | Di–Sa 12.30–16, 20.30–24, So 13–16 Uhr | ✆ 950 25 75 61

3 LA CUEVA

- Alle Musiker aus Almería haben diesen Pub schon zum Kochen gebracht!
- Rock, Flamenco, Pop, Jazz und Blues.

Calle Canónigo Molina Alonso 23 | tgl. 16–3 Uhr

4 BONILLO

»Diese kleine, sehr authentische Bar serviert die besten *patatas bravas* von Almería.«

Calle Granada 14 | Mo–Fr 11.30–23.30, Sa 12–15, 20–23 Uhr

5 LA MALA-CROQUETERIA

- Trüffel-, Gorgonzola-, Thai- oder vegane Kroketten – ein Gourmet-Sortiment!

Calle Gabriel Callejón 10 | Di–So 13–16.30, 20.30–1 Uhr

6 EL RINCÓN DE BASI

- Ausgezeichnetes *lomo al chimichurri* (Rindfleisch mit scharfer Sauce).
- Nettes, modernes Ambiente, guter Service.

Calle General Segura 12 | Mo–Fr 13.30–16.30, 20–0.30, Sa, So 13–0.30 Uhr

7 TABERNA NUESTRA TIERRA

»Zu jedem Getränk gibt es eine Tapa zur Auswahl! Die *patatas bravas* sind eine sichere Sache.«

Calle Jovellanos 16 | Mo 7.30–12, Di–Do 7.30–16, 20–24, Fr 7.30–24, Sa 12–24, So 12–16 Uhr

CABO DE GATA

SALZWIESEN UND GRANDIOSE AUSBLICKE

- **Der Naturpark Cabo de Gata liegt ca. 40 km südöstl. (45 Min.) von Almería**
- **Touristeninfo u.a. in Faro de Gata**
- **Komplizierte Anreise mit öffentlichen Verkehrsmitteln**

A PARQUE NATURAL DU CABO DE GATA

Wunderschöne Strände, vulkanische Erhebungen, einzigartige Flora und Fauna – der Naturpark ist ein großer Schatz. Er ist durchzogen von Wanderwegen und Straßen.

1 RESTAURANTE GOLETA

Cabo de Gata (Ort)

- Netter Halt am Meer.
- Pizza, *paella*, Gambas aus Almería zu fairen Preisen – und was für ein Sonnenuntergang!

Costa Miramar | tgl. 10–16.30, 19.30–23.30, Sommer bis 2 Uhr

B SALINAS

gratis

Sie sind die letzten aktiven **Salinen** in der Region und Schutzgebiet für unzählige Vogelarten. Wandern Sie bis zum Strand, um einen Blick auf die Tiere zu erhaschen.

C PLAYA DE MÓNSUL

Hier wurden Szenen aus *Indiana Jones* gedreht! Dieser himmlische Strand breitet seinen goldenen Sand am türkisfarbenen Meer aus. Die karge, felsige Landschaft rundherum ist surreal.

 Die jeweiligen Öffnungszeiten finden Sie im Register ab S. 178.

REISETIPPS 2 AM MEER
N 340A
AL 102
Paraje natural Sierra Alhamilla
Huebro
Níjar
A7 E 15
Venta del Probe
N 341
Carboneras
Playa de los Muertos
Agua Amarga
San Isidro
Las Negras
MERÍA
Rodalquilar
Sierra del Cabo de Gata
La Isleta del Moro
Retamar
Ruescas
Los Escullos
1 Cabo de Gata
B Salinas
Parque Natural de Cabo de Gata
A
San José
Playa de Mónsul C
Faro de Gata
MITTELMEER
0 5 10 km

COSTA TROPICAL

SCHÖNE ORTE UND KRISTALLKLARES MEER

- **Frigiliana liegt 150 km westl. (ca. 1.30 Std.) von Almería**
- **Busse bedienen Frigiliana, Nerja und Motril, brauchen aber sehr lang**
- **Ein Auto ist erste Wahl**

A MOTRIL

Das entzückende Motril trug wegen seiner Zuckerrohrindustrie einst den Spitznamen »Klein-Kuba«. In dem Ort verbinden sich der maurische Stil mit dem der Renaissance und des Barock.

1 LA BALLENA AZUL

Motril

- Restaurant direkt am Strand, netter Service.
- *Sopa de marisco* (Meeresfrüchtesuppe) und Tintenfisch.

Playa del Poniente | Di–So 12–16, Sommer auch 20.30–23 Uhr

B NERJA

Historische Stadt mit Höhlenmalereien, Feinschmeckerstadt mit kulinarischen Festen und Panoramastadt mit dem »**Balkon von Europa**«, einem berühmten Platz über dem Meer.

C FRIGILIANA

Schlendern Sie durch die Straßen dieser weißen Ortschaft und bewundern Sie die kleinen Kirchen und den duftenden botanischen Garten. Eines der schönsten Dörfer Andalusiens! *(Bild oben)*

D STRÄNDE

Die Costa Tropical ist mit unwiderstehlichen Stränden gesegnet. Familien bevorzugen die von **Aguadulce** und **La Herradura**. Mit dem ruhigen Meer und den Wassersportmöglichkeiten sind sie für Eltern und Kinder gleichermaßen geeignet. **La Rijana** liegt etwas versteckt unterhalb der Straße. Der Strand besteht aus Sand und schwarzen Kieselsteinen und bietet einen herrlichen Rahmen für eine Auszeit zum Faulenzen oder Tauchen.

REISETIPPS 2 AM MEER
A 403
A 44
A 401
A 315
A 92N
A 334
A 308
A 92
Purullena
Guadix
Parque natural
de la Sierra de Baza
Parque natural
Sierra de Huétor
N 432
A 92
Grenade
A 395
Parque nacional
de la Sierra Nevada
A 337
A 92
Trevélez
Capileira
Bubión
Pampaneira
Busquístar
A 348
A 348
A 348
ALMERÍA
A 44
Frigiliana
Salobreña
Almuñécar
Motril
Adra
A 7
Roquetas
de Mar
Playa de
Aguadulce
Nerja
Playa
de la Herradura
Playa
de la Rijana
COSTA TROPICAL
MITTELMEER
10
20 km

DESIERTO DE TABERNAS

WILDWEST IN ANDALUSIEN

- **Fort Bravo liegt 40 km nördl. (ca. 35 Min.) von Almería**
- **Die beiden Parks sind ausgeschildert und 6 km voneinander entfernt**
- **Komplizierte Anfahrt mit öffentlichen Verkehrsmitteln**

A OASYS MINI HOLLYWOOD

Öffnungszeiten variieren je nach Jahreszeit | Eintritt

Es ist keine Fata Morgana, die in der Wüste schwebt, sondern ein **Vergnügungspark**! Die Westernstadt ist eine Filmkulisse, die den Streifen huldigt, die hier in der Wüste gedreht wurden, wie etwa *Lawrence von Arabien*. Der Park hat auch ein Wagenmuseum mit Kutschen aus Filmproduktionen sowie einen Zoo mit botanischem Garten. Aufführungen runden den Besuch ab.

1 LAS ERAS ANTONIO GÁZQUEZ

Tabernas

- Autorenküche zu niedrigen Preisen, aufmerksamer Service.
- Andalusische Gerichte mit besonderer Note: *migas* in Pastete.

Paraje Eras | Mo–Fr, So 13–19 Uhr, Aug. So geschl.

B FORT BRAVO

Eintritt

Hier öffnen sich die **Kulissen** der Spaghetti-Western. Tauchen Sie ein in diese Welt der Filme mit dem Westernstädtchen, seinem Saloon und dem Gefängnis, dem mexikanischen Dorf und seiner Kirche. Verpassen Sie nicht die Pferdeshows und die französischen Cancan-Aufführungen! Viele Filme wurden hier gedreht, darunter *Zwei glorreiche Halunken* (Sergio Leone, 1966).

 Die jeweiligen Öffnungszeiten finden Sie im Register ab S. 178.

Vélez-Rubio
MURCIE
Cúllar
A 91
REISETIPPS 2 AM MEER
Baza
A7 E 15
Albox
N 334
Parque natural
la Sierra de Baza
A 92
que Nacional
Sierra Nevada
B Fort Bravo
N 340
1
Tabernas
A Oasys Mini Hollywood
Carboneras
Paraje natural
Sierra Alhamilla
Níjar
A7 E 15
Agua Amarga
Parque natural
de Cabo de Gata-Níjar
Las Negras
ALMERÍA
Rodalquilar
Los Escullos
El Ejido
A 7 E 15
Cabo de Gata
San José
Golf von Almería
Faro de Gata
MITTELMEER
10
20 km

REGISTER

- »s/n«, bedeutet, dass die Adresse keine Hausnummer hat.
- Unterschiedliche Öffnungszeiten je nach Jahreszeit und Feierlichkeiten.

F

G

H–I

J–K

M

25., 31. Dez, 1., 5., 6. Jan. kürzere Öffnungszeiten | Eintritt (keine Kreditkarten) **88**

Monasterio de la Cartuja Calle Américo Vespucio 2 | www.caac.es | ✆ 955 03 70 70 | So–Fr 10–18, Sa 10–13, 15–18 Uhr | Eintritt **102**

Museo arqueológico Plaza de América 51 | www.museosdeandalucia.es/web/museoarqueologicodesevilla | ✆ 955 12 06 32 | Mitte Juni–Mitte Sept. Di–So, feiertags 9–15, Mitte Sept.–Mitte Juni Di–Sa 9–21, So, feiertags 9–15 Uhr, 1. Jan., 1. Mai, 25. Dez. geschl. | Eintritt frei für EU-Bürger **96**

Museo de Bellas Artes Plaza del Museo 9 | www.museodebellasartesdesevilla.es | ✆ 954 78 65 00 | Mitte Juni–Mitte Sept. Di–So, feiertags 9–15, Mitte Sept.–Mitte Juni Di–Sa 9–21, So, feiertags 9–15 Uhr, 24., 25., 31. Dez., 1., 6. Jan., 1. Mai geschl. | Eintritt frei für EU-Bürger **88**

Museo del Baile Flamenco Calle Manuel Rojas Marcos 3 | www.museodelbaileflamenco.com | ✆ 954 34 03 11 | tgl. 10–19 Uhr | Eintritt | Aufführungen im Innenhof tgl. 17, 19, 20.45 (und 22.15 Uhr in der Hochsaison) **88**

Palacio de la Condesa de Lebrija Calle Cuna 8 | www.palaciodelebrija.com | ✆ 954 22 78 02 | Sept.–Juni Mo–Fr 10.30–19.30, Sa 10–14, 16–18, So 10–14, Juli, Aug. Mo–Fr 10–15, Sa 10–15 Uhr | Eintritt **88**

Palacio de las Dueñas Calle Dueñas 5 | www.lasduenas.es | ✆ 954 21 48 28 | Sommer tgl. 10–19.15, Winter tgl. 10–17.15 Uhr, 25. Dez., 1., 6. Jan. geschl. | Eintritt **88**

Palacio de San Telmo Avenida de Roma | ✆ 955 00 10 10 | Besuch mit Voranmeldung (visitassantelmo@juntadeandalucia.es), Do 16–21, Sa 10–14, 16–20 Uhr | Eintritt **96**

Parque de María Luisa Avenida de María Luisa | www.sevilla.org/servicios/medio-ambiente-parques-jardines/parques/parques-y-jardines-historicos/parque-de-maria-luisa | ✆ 955 47 12 32 oder 954 23 44 65 | Nov.–März tgl. 8–22, April–Okt. tgl. 8–24 Uhr | Eintritt **96**

Plaza de Toros de la Real Maestranza Paseo de Cristóbal Colón 12 | www.realmaestranza.com | ✆ 954 22 45 77 | Nov.–März, 9.30–19, April–Okt. 9.30–21, Karfreitag und Stierkampftage 9.30–15 Uhr, 25. Dez. geschl. | Eintritt (Mo 15–19 Uhr frei) **82**

Real Alcázar Eintritt über die Plaza del Triunfo | www.alcazarsevilla.org | ✆ 954 50 23 24 | Okt.–März tgl. 9.30–17, April–Sept. tgl. 9.30–19 Uhr, 25. Dez., 1., 6. Jan., Karfreitag geschl. | Eintritt (Mo April–Sept. 18–19, Okt.–März 16–17 Uhr frei) **82**

Real Fabrica de Tabacos (Universität) Calle San Fernando 4 | www.us.es | ✆ 954 55 11 23 oder 954 55 10 52 | nach Vereinbarung Do 9.30–12.30, 16–18, Sa 9.30–12.30 Uhr **96**

Torre del Oro Paseo de Cristóbal Colón | www.visitasevilla.es/monumentos-y-cultura/torre-del-oro |

T

U

V–W

Y

Z

REISENOTIZEN

REISENOTIZEN

BILDNACHWEIS

Adobe

8, 12, 13, 15, 21, 22 (ol), 24 (or, uM), 26 (o), 28 (MM), 30 (oM, or, u), 31 (ol, oM, u), 32 (ul, uM), 34 (o), 35 (ul), 38 (o), 41 (Ml, Mr, ul), 43, 52, 54, 61, 62 (u), 64 (u), 66 (u), 68 (o), 73, 74, 76, 78, 80, 81, 82, 83, 86, 88, 96, 97, 100, 102 (o), 103, 106, 108, 110, 112, 119, 124, 132, 136 (u), 137, 140 (o), 146, 148 (o, M), 153 (Mr), 156 (o), 160, 162, 164, 167 (ur).

Shutterstock

11, 22 (oM, or, u), 24 (ol, oM, ul, ur), 26 (u), 28, (ol, or, Ml, Mr, u), 30 (ol), 31 (or), 32 (o, ur), 34 (u), 35 (o, uM, ur), 36, 38 (u), 39 (M, r), 41 (o, MM, ur), 47, 48, 49, 50, 58, 60, 62 (o), 64 (o), 66 (o), 67, 68 (u), 71, 90, 99, 102 (u), 113, 115, 126, 128, 130, 136 (o), 138, 140 (u), 141, 144, 145, 148 (u), 150, 153 (o, Ml, u), 154, 156 (u), 157, 158, 167 (o, ul), 168, 170, 172, 174.

AgeFotostock

© Ken Welsh 27, 56, © Javier Larrea 28 (oM), © Juergen Held 29 (o), © Peter Horree 91, © Marcelino Ramírez 121 (o), © Kay Maeritz 122, © Artur Bogacki 123.

Hemis.fr

© SPANI Arnaud 6, © Jon Arnold Images 18, © MATTES René 29 (M), 105, 120, 121 (u), 143, © SOULARUE 38 (M), © POMPE Ingolf 51, © GARDEL Bertrand 84, 87, 93.

Photononstop

© Ken Welsh/Destinations 29 (u).

Jérôme Plon

94.

Für die Bereitstellung dankt der Verlag

© Baraka Sala Flamenca. Triana 39 (l), 107.

© »Casa de la Memoria« Flamenco Cultural Center 92.

© La Chumbera, Foto Mateos 171.

© La Raza 98.

Die französische Originalausgabe mit dem Titel »Simplissime Andalousie – le guide de voyage le + pratique du monde« erschien erstmals 2019 bei Hachette Livre (Hachette Tourisme) in Vanves, Frankreich.

Autorin: Rozenn Le Roux
Kartografie: Frédéric Clémençon, Aurélie Huot, Kévin Richez
Grafische Gestaltung des Innenlayouts und des Umschlags: Studio HelloÉlo
Layout: Chrystel Arnould
Leiter der Buchreihe: Jean-François Mallet

Verantwortlich: Claudia Hohdorf
Übersetzung: Thomas Rath
Redaktion: booklab
Korrektorat: Ulla Thomsen
Satz: booklab
Repro: LUDWIG:media
Herstellung: Alexander Knoll
Printed in Slovenia by Florjancic

ISBN 978-3-7343-2497-0

★★★★★

Sind Sie mit diesem Titel zufrieden? Dann würden wir uns über Ihre Weiterempfehlung freuen.
Erzählen Sie es im Freundeskreis, berichten Sie Ihrem Buchhändler, oder bewerten Sie bei Onlinekauf. Und wenn Sie Kritik, Korrekturen, Aktualisierungen haben, freuen wir uns über Ihre Nachricht an Bruckmann Verlag, Postfach 40 02 09, D-80702 München oder per E-Mail an lektorat@verlagshaus.de

Unser komplettes Programm finden Sie unter www.bruckmann.de

Alle Angaben dieses Werkes wurden von der Autorin sorgfältig recherchiert und auf den neuesten Stand gebracht sowie vom Verlag geprüft. Für die Richtigkeit der Angaben kann jedoch keine Haftung übernommen werden, weshalb die Nutzung auf eigene Gefahr erfolgt. Insbesondere bei GPS-Daten können Abweichungen nicht ausgeschlossen werden. Sollte dieses Werk Links auf Webseiten Dritter enthalten, so machen wir uns die Inhalte nicht zu eigen und übernehmen für die Inhalte keine Haftung. In diesem Buch wird aus Gründen der besseren Lesbarkeit das generische Maskulinum verwendet. Weibliche und anderweitige Geschlechteridentitäten werden dabei ausdrücklich mitgemeint, soweit es für die Aussage erforderlich ist.

Die Deutsche Nationalbibliothek verzeichnet diese Publikation in der Deutschen Nationalbibliografie; detaillierte bibliografische Daten sind im Internet über http://dnb.d-nb.de abrufbar.